最新法律文件解读丛书

刑事
法律文件解读

XINGSHI FALÜ WENJIAN JIEDU

人民法院出版社 编

总第230辑 2024.08

人民法院出版社

图书在版编目（CIP）数据
刑事法律文件解读. 总第230辑 / 人民法院出版社编. 北京 : 人民法院出版社, 2024. 12. -- (最新法律文件解读丛书). -- ISBN 978-7-5109-4275-4
Ⅰ. D924.05; D925.205
中国国家版本馆CIP数据核字第2024FH5987号

刑事法律文件解读·总第230辑

人民法院出版社　编

责任编辑　杨晓燕
执行编辑　周　敏
出版发行　人民法院出版社
地　　址　北京市东城区东交民巷27号　邮编　100745
电　　话　（010）67550508（责任编辑）　67550558（发行部查询）
　　　　　65223677（读者服务部）
客服QQ　2092078039
网　　址　http：//www.courtbook.com.cn
E - mail　courtbook@sina.com
印　　刷　三河市国英印务有限公司
经　　销　新华书店
开　　本　787毫米×1092毫米　1/16
字　　数　115千字
印　　张　8
版　　次　2024年12月第1版　　2024年12月第1次印刷
书　　号　ISBN 978-7-5109-4275-4
定　　价　28.00元

卷首语

2024年8月19日，最高人民法院、最高人民检察院联合举行新闻发布会，发布《最高人民法院、最高人民检察院关于办理洗钱刑事案件适用法律若干问题的解释》（以下简称《解释》），自2024年8月20日起施行。本辑重点收录了该《解释》及其答记者问，《解释》聚焦反洗钱工作面临的新情况新问题，总结提炼近年来打击洗钱犯罪行之有效的经验做法和成熟制度，为司法办案提供明确指引。

同时，本辑还收录了《最高人民法院、最高人民检察院、公安部关于印发〈最高人民法院、最高人民检察院、公安部关于办理跨境电信网络诈骗等刑事案件适用法律若干问题的意见〉的通知》和《最高人民法院关于办理减刑、假释案件审查财产性判项执行问题的规定》解读文章，便于办理相关刑事案件的人员在司法实践中正确理解与适用。

在“指导案例、典型案例与解读”栏目，本辑收录了《最高人民检察院关于印发最高人民检察院第五十二批指导性案例的通知》《依法惩治跨境电信网络诈骗及其关联犯罪典型案例》，供相关领域工作人员在审理类似案件时借鉴参考。

在“司法实务问题研究”栏目，本辑收录了《非法集资犯罪的防范与处置》，分析了非法集资犯罪现状，就非法集资的防范与监管提出了具有可操作性的建议，方便广大读者研究学习。

最新法律文件解读丛书
编　辑　部

兰丽专　（010）67550626

丁丽娜　（010）67550608

杨晓燕　（010）67550508

杨　洁　（010）67550656

路建华　（010）67550682

丁塞峨　（010）67550656

投稿邮箱：

《刑事法律文件解读》　5184621@ qq. com

《民事法律文件解读》　1216921515@ qq. com

《商事法律文件解读》　shangshijiedu@ 126. com

《行政与执行法律文件解读》　1290312696@ qq. com

目录

司法解释、司法指导性文件与解读

地方司法业务文件与解读

指导案例、典型案例与解读

司法实务问题研究

新类型疑难案例选评

司法解释、司法指导性文件与解读

最高人民法院　最高人民检察院
关于办理洗钱刑事案件适用法律若干问题的解释

法释〔2024〕10号

（2023年3月20日最高人民法院审判委员会第1880次会议、
2024年3月29日最高人民检察院第十四届检察委员会
第二十八次会议通过　2024年8月19日最高人民法院、
最高人民检察院公告公布　自2024年8月20日起施行）

为依法惩治洗钱犯罪活动，根据《中华人民共和国刑法》、《中华人民共和国刑事诉讼法》的规定，现就办理洗钱刑事案件适用法律的若干问题解释如下：

第一条　为掩饰、隐瞒本人实施刑法第一百九十一条规定的上游犯罪的所得及其产生的收益的来源和性质，实施该条第一款规定的洗钱行为的，依照刑法第一百九十一条的规定定罪处罚。

第二条　知道或者应当知道是他人实施刑法第一百九十一条规定的上游犯罪的所得及其产生的收益，为掩饰、隐瞒其来源和性质，实施该条第一款规定的洗钱行为的，依照刑法第一百九十一条的规定定罪处罚。

第三条 认定“知道或者应当知道”，应当根据行为人所接触、接收的信息，经手他人犯罪所得及其收益的情况，犯罪所得及其收益的种类、数额，犯罪所得及其收益的转移、转换方式，交易行为、资金账户等异常情况，结合行为人职业经历、与上游犯罪人员之间的关系以及其供述和辩解，同案人指证和证人证言等情况综合审查判断。有证据证明行为人确实不知道的除外。

将刑法第一百九十一条规定的某一上游犯罪的犯罪所得及其收益，认作该条规定的上游犯罪范围内的其他犯罪所得及其收益的，不影响“知道或者应当知道”的认定。

第四条 洗钱数额在五百万元以上的，且具有下列情形之一的，应当认定为刑法第一百九十一条规定的“情节严重”：

（一）多次实施洗钱行为的；

（二）拒不配合财物追缴，致使赃款赃物无法追缴的；

（三）造成损失二百五十万元以上的；

（四）造成其他严重后果的。

二次以上实施洗钱犯罪行为，依法应予刑事处理而未经处理的，洗钱数额累计计算。

第五条 为掩饰、隐瞒实施刑法第一百九十一条规定的上游犯罪的所得及其产生的收益的来源和性质，实施下列行为之一的，可以认定为刑法第一百九十一条第一款第五项规定的“以其他方法掩饰、隐瞒犯罪所得及其收益的来源和性质”：

（一）通过典当、租赁、买卖、投资、拍卖、购买金融产品等方式，转移、转换犯罪所得及其收益的；

（二）通过与商场、饭店、娱乐场所等现金密集型场所的经营收入相混合的方式，转移、转换犯罪所得及其收益的；

（三）通过虚构交易、虚设债权债务、虚假担保、虚报收入等方式，转移、转换犯罪所得及其收益的；

（四）通过买卖彩票、奖券、储值卡、黄金等贵金属等方式，转换犯罪所得及其收益的；

（五）通过赌博方式，将犯罪所得及其收益转换为赌博收益的；

（六）通过“虚拟资产”交易、金融资产兑换方式，转移、转换犯罪所得及其收益的；

（七）以其他方式转移、转换犯罪所得及其收益的。

第六条 掩饰、隐瞒刑法第一百九十一条规定的上游犯罪的犯罪所得及其产生的收益，构成刑法第一百九十一条规定的洗钱罪，同时又构成刑法第三百一十二条规定的掩饰、隐瞒犯罪所得、犯罪所得收益罪的，依照刑法第一百九十一条的规定定罪处罚。

实施刑法第一百九十一条规定的洗钱行为，构成洗钱罪，同时又构成刑法第三百四十九条、第二百二十五条、第一百七十七条之一或者第一百二十条之一规定的犯罪的，依照处罚较重的规定定罪处罚。

第七条 认定洗钱罪应当以上游犯罪事实成立为前提。有下列情形的，不影响洗钱罪的认定：

（一）上游犯罪尚未依法裁判，但有证据证明确实存在的；

（二）有证据证明上游犯罪确实存在，因行为人逃匿未到案的；

（三）有证据证明上游犯罪确实存在，因行为人死亡等原因依法不予追究刑事责任的；

（四）有证据证明上游犯罪确实存在，但同时构成其他犯罪而以其他罪名定罪处罚的。

第八条 刑法第一百九十一条规定的“黑社会性质的组织犯罪的所得及其产生的收益”，是指黑社会性质组织及其成员实施相关犯罪的所得及其产生的收益，包括黑社会性质组织的形成、发展过程中，该组织及组织成员通过违法犯罪活动聚敛的全部财物、财产性权益及其孳息、收益。

第九条 犯洗钱罪，判处五年以下有期徒刑或者拘役，并处或者单处罚金的，判处一万元以上罚金；判处五年以上十年以下有期徒刑的，并处二十万元以上罚金。

第十条 符合本解释第一条、第二条的规定，行为人如实供述犯罪事实，认罪悔罪，并积极配合追缴犯罪所得及其产生的收益的，可以从轻处罚；犯罪情节轻微的，可以依法不起诉或者免予刑事处罚。

第十一条 单位实施洗钱犯罪的，依照本解释规定的相应自然人犯罪的定罪量刑标准，对单位判处罚金，并对其直接负责的主管人员和其他直接责任人员定罪处罚。

第十二条 本解释所称“上游犯罪”，是指刑法第一百九十一条规定的毒品犯罪、黑社会性质的组织犯罪、恐怖活动犯罪、走私犯罪、贪污贿赂犯罪、破坏金融管理秩序犯罪、金融诈骗犯罪。

第十三条 本解释自 2024 年 8 月 20 日起施行。《最高人民法院关于审理洗钱等刑事案件具体应用法律若干问题的解释》（法释〔2009〕15 号）同时废止。

解读《最高人民法院、最高人民检察院关于办理洗钱刑事案件适用法律若干问题的解释》*

2024 年 8 月 19 日，最高人民法院、最高人民检察院联合举行新闻发布会，发布《最高人民法院、最高人民检察院关于办理洗钱刑事案件适用法律若干问题的解释》（以下简称《解释》），自 2024 年 8 月 20

* 根据《最高人民法院、最高人民检察院关于办理洗钱刑事案件适用法律若干问题的解释》新闻发布会编写。——编者注

日起施行。

一、《解释》的制定背景

洗钱犯罪与毒品犯罪、有组织犯罪、金融犯罪、腐败犯罪等上游犯罪有着紧密联系，严重破坏金融管理秩序，危害国家经济金融安全，社会危害性大，应依法惩处。1997年刑法对洗钱罪作了规定。刑法修正案（三）和刑法修正案（六）先后对洗钱罪进行了修改完善。为依法惩治洗钱犯罪活动，最高人民法院于2009年制定了《关于审理洗钱等刑事案件具体应用法律若干问题的解释》（以下简称《2009年解释》），最高人民法院、最高人民检察院、公安部于2020年出台了《关于办理洗钱刑事案件若干问题的意见》，明确了洗钱犯罪的定罪处罚标准和相关法律适用问题，确保刑法得到正确实施。

从2021年3月1日起施行的刑法修正案（十一）对洗钱罪刑法条文作了重大修改，删除了原刑法条文中的“明知”和“协助”等术语，将“自洗钱”纳入打击范围，同时取消了罚金刑的限额，对洗钱罪的定罪量刑产生重大影响，迫切需要对现行洗钱刑事司法解释进行修改。同时，金融行动特别工作组在对我国反洗钱工作进行评估的基础上，指出了我国反洗钱工作在合规性和有效性方面存在的问题，迫切需要修改完善相关法律、司法解释和司法政策，更好地满足反洗钱工作需要。最高人民法院于2021年将制定《解释》纳入司法解释立项计划，并正式启动《解释》起草工作。

起草制定《解释》历时二年多时间。最高人民法院牵头会同最高人民检察院，经深入调研论证和广泛征求意见，结合司法实践，制定了本《解释》。其间，征求了全国法院、检察院系统以及国家监察委员会、公安部、中国人民银行等有关部门的意见，组织召开专家论证会听取意见建议，并征求全国人大常委会法工委的意见，数易其稿，不断修改完善。《解释》经最高人民法院审判委员会第1880次会议、最高人民检察院第十四届检察委员会第二十八次会议通过，自2024年8月20日起施行。

二、《解释》的主要内容

在制定《解释》过程中，始终坚持罪刑法定原则，坚持宽严相济刑事政策，坚持以问题为导向，在总结司法实践经验的基础上，《解释》就洗钱罪相关法律适用问题作出规定。

《解释》共13条，主要内容包括：一是明确“自洗钱”“他洗钱”犯罪的认定标准，以及“他洗钱”犯罪主观认识的审查认定标准。二是明确洗钱罪“情节严重”的认定标准。洗钱数额在五百万元以上，且具有多次实施洗钱行为；拒不配合财物追缴，致使赃款赃物无法追缴；造成损失二百五十万元以上；或者造成其他严重后果情形之一的，应当认定为“情节严重”。三是明确“以其他方法掩饰、隐瞒犯罪所得及其收益的来源和性质”的七种具体情形。四是明确洗钱罪与掩饰、隐瞒犯罪所得、犯罪所得收益罪的竞合处罚原则。掩饰、隐瞒刑法第一百九十一条规定的上游犯罪的犯罪所得及其产生的收益，构成洗钱罪，同时又构成掩饰、隐瞒犯罪所得、犯罪所得收益罪的，依照洗钱罪定罪处罚。五是明确罚金数额标准。规定了在不同法定刑幅度判处罚金的最低数额。六是明确从宽处罚的标准。行为人如实供述洗钱犯罪事实，认罪悔罪，并积极配合追缴犯罪所得及其产生的收益的，可以从轻处罚；犯罪情节轻微的，可以依法不起诉或者免予刑事处罚。

需要说明的是，《2009年解释》从“大洗钱”的角度，明确了刑法第一百九十一条、第三百一十二条、第三百四十九条和第一百二十条之一相关法律适用问题。考虑最高人民法院、最高人民检察院正在修订《关于审理掩饰、隐瞒犯罪所得、犯罪所得收益刑事案件适用法律若干问题的解释》，为了更好协调两个司法解释的关系和内容，《2009年解释》与刑法第一百九十一条、第三百一十二条相关的规定分别被吸收到两个司法解释中，《解释》只规定第一百九十一条洗钱罪的相关法律适用问题。

三、下一步工作

党中央高度重视反洗钱工作，中央领导同志多次就反洗钱工作作出重要批示指示。最高人民法院成立反洗钱工作领导小组，及时研究部署反洗钱重大事项、重大问题、重要工作，扎实有效推进反洗钱工作。人民法院将始终坚持以习近平新时代中国特色社会主义思想为指导，深入贯彻习近平法治思想，深入学习贯彻党的二十届三中全会精神，切实提高政治站位和政治能力，贯彻落实党中央部署要求，充分发挥审判职能作用，依法惩治洗钱犯罪，为推进国家治理体系和治理能力现代化、维护国家经济金融安全和社会稳定提供更加有力的司法服务保障。

（一）依法严惩犯罪

切实贯彻从严惩处洗钱犯罪的立法精神，依法从重从严惩处洗钱犯罪，加大对涉地下钱庄洗钱犯罪、利用虚拟币、游戏币等洗钱犯罪的打击力度。依法惩处“自洗钱”犯罪。加大罚金刑判处和执行力度，依法追缴洗钱行为人的违法所得，不让任何人从犯罪行为中非法获利。同时，切实贯彻宽严相济的刑事政策，区分情况、区别对待，确保取得最佳的政治效果、社会效果和法律效果。

（二）严格依法办案

始终坚持以事实为根据，以法律为准绳，严格依照刑法和司法解释认定洗钱犯罪，准确定罪处罚，确保罪责刑相适应。坚持证据裁判原则，坚持以审判为中心，强化洗钱刑事案件证据的收集、审查和运用，确保办案质量。进一步加强洗钱犯罪问题研究和调研总结，适时发布典型案例或者指导性案例，加强业务指导，统一裁判标准，确保刑法和司法解释得到正确实施。

（三）加强犯罪治理

切实加强与公安机关、检察机关、金融监管等部门的协同配合，继续深入开展打击治理洗钱违法犯罪专项行动，健全完善执法司法协作机制，严格落实“一案双查”工作机制，及时发现、有效预防和惩治洗钱犯罪。坚持治罪和治理并重，做实办案就是治理，推动系统治理、综合治理、源头治理，大力推动反洗钱法修订工作，健全完善洗钱违法犯罪风险防控体系，切实提高打击治理洗钱违法犯罪效能。

（四）加强反洗钱国际合作

用足用好法律武器，依法打击跨国（境）洗钱犯罪，积极探索打击跨国洗钱犯罪的有效路径和方式，健全完善反洗钱国际合作制度机制，形成便捷查明跨国犯罪及跨国资产转移的良好合作机制，依法有力惩治跨国（境）洗钱犯罪。大力加强国际司法协助，积极参与打击洗钱犯罪国际合作，加强国际追逃追赃，维护我国经济金融安全和发展利益。

（来源：最高人民法院网站）

依法惩治洗钱犯罪，维护国家金融安全

——最高人民法院、最高人民检察院相关部门负责人答记者问

2024 年 8 月 19 日，最高人民法院、最高人民检察院联合举行新闻发布会，发布《最高人民法院、最高人民检察院关于办理洗钱刑事案件适用法律若干问题的解释》（以下简称新司法解释），自 2024 年 8 月 20 日起施行。最高人民法院刑三庭庭长陈鸿翔、副庭长陈学勇，最高人民检察院经济犯罪检察厅副厅长张建忠、副厅长王新出席发布会并回答记者提问。发布会由最高人民法院新闻局副局长姬忠彪主持。

问：请介绍一下近年来检察机关在反洗钱方面开展的工作及成效。

答：近年来，最高人民检察院全面贯彻习近平法治思想，深入贯彻执行党中央和国务院关于反洗钱战略部署，协同反洗钱工作部际联席会议有关单位持续加大反洗钱工作力度，不断提高洗钱犯罪案件办理质效。自最高人民检察院 2020 年部署推进反洗钱工作以来，全国检察机关反洗钱工作措施有力，成效明显。2023 年共起诉洗钱罪 2971 人，是 2019 年起诉洗钱罪人数的近 20 倍。2024 年上半年起诉洗钱罪 1391 人，同比上升 28.4%，继续保持对洗钱犯罪打击态势。

各级检察机关积极履职创新开展反洗钱工作，积累形成许多行之有效的经验做法，在打击洗钱犯罪中起到了引领带动作用。一是培育“一案双查”意识，注重办案质效。广东创设洗钱案件“三必三有”工作法，

提升办案人员发现洗钱犯罪线索意识；吉林、江西、山东、宁夏等省级检察院单独或者联合有关部门开展洗钱案件督导；安徽等地强化洗钱犯罪的立案监督，同步审查发现洗钱犯罪线索；河北、江苏、河南等地检察院对判决错误的案件依法提起抗诉并获改判；上海、四川等地妥善办理了利用虚拟货币实施跨境洗钱犯罪等新型案件。二是加强协作配合，形成打击合力。最高人民检察院会同国家监察委员会、公安部联合印发《关于在办理贪污贿赂犯罪案件中加强反洗钱协作配合的意见》；北京市检察院联合中国人民银行北京分行建立反洗钱检察人员轮值协查机制，向公安机关移送涉嫌洗钱犯罪的金融情报线索；浙江、福建、河南、湖北等省检察院积极会同相关部门，通过常态化联席会议制度、组建金融司法协同中心、建立反洗钱办案基地等措施，切实加强反洗钱领域行刑衔接；上海、江苏两地检察机关邀请中国人民银行、专家学者共同开展案例评讲和业务交流活动，推动长三角区域反洗钱协作；陕西组织全省检察机关洗钱案件庭审观摩活动，邀请银行系统同志参加，庭审后共同开展经验交流。三是助力法治体系建设，开展法治教育。最高人民检察院积极参与反洗钱法修订工作，协助中国人民银行参与反洗钱金融行动特别工作组（FATF）关于资产追缴国际标准修订。发布两批共11件惩治洗钱犯罪典型案例，推动对洗钱犯罪法律适用问题形成共识。各地检察机关开展形式多样的法治宣传活动，引领社会公众提升反洗钱意识。

问：请介绍一下近年来特别是有关部门联合开展打击治理洗钱违法犯罪三年行动以来，人民法院办理洗钱刑事案件的情况和特点。

答：近年来，人民法院切实加强反洗钱工作，加强与相关部门的协同配合，积极参与中国人民银行、公安部等部门在全国范围内联合开展打击治理洗钱违法犯罪三年行动（2022—2024年），依法惩治洗钱犯罪，取得良好的政治效果、社会效果和法律效果。主要呈现以下几方面的情况和特点。

一是洗钱刑事案件数量持续上升。三年来，全国法院一审审结洗钱罪（刑法第一百九十一条）刑事案件共计2406件2978人，其中：2021年审结499件552人，2022年审结697件834人，2023年审结861件1019人；2024年1—6月审结349件573人。洗钱罪刑法条文修正以后，2021年案件数量大幅增加153.3%，2022年、2023年同比分别上升39.7%、23.5%，2024年上半年与2023年同期持平，自洗钱犯罪案件逐年增加，打击治理洗钱犯罪活动取得重要阶段性成效。

二是洗钱上游犯罪类型相对集中。据不完全统计，在2022—2023年一审审结洗钱案件中，洗钱上游犯罪主要集中在毒品犯罪、贪污贿赂犯罪、金融犯罪，占比超过八成，走私犯罪、黑社会性质的组织犯罪、恐怖活动犯罪洗钱案件相对较少。反映出洗钱案件与上游犯罪案件数量不匹配、不成比例、洗钱上游犯罪类型也不平衡，惩处洗钱犯罪力度与当前洗钱犯罪形势不相适应，打击洗钱犯罪力度有待进一步加强。

三是洗钱手段复杂多变、不断翻新。从2022—2023年办理的洗钱案件看，主要是通过转账或者其他支付结算方式转移资金、提供资金账户的行为方式洗钱，占比超过五成。其中，走私洗钱、贪污贿赂洗钱、金融犯罪洗钱中通过跨境转移资产的方式洗钱相对较多。同时，随着互联网技术的广泛应用，洗钱手法也不断翻新升级，虚拟币、游戏币、“跑分平台”、直播打赏等成为新型洗钱载体和方式，呈现更加复杂和隐蔽的“网络化”“链条化”特征。地下钱庄已成为不法分子从事洗钱和转移资金的主要通道，目前还出现新型的地下钱庄，上游犯罪行为人通过地下钱庄利用虚拟币、游戏币等跨境转移资产，涉案金额高、查处难度大，对打击洗钱犯罪提出了新的更高的要求。

问：我们注意到，新司法解释将“他洗钱”犯罪主观要件的认定内容界定为“知道或者应当知道”，请问实践中应当如何把握？

答：刑法修正案（十一）修改了刑法第一百九十一条关于洗钱罪

的罪状描述，删除了“明知”的用语，为了与修订后的刑法条文表述相一致，新司法解释不再以“明知”来表述洗钱罪的主观要件，而采用“知道或者应当知道”作为“他洗钱”犯罪主观要件的认定内容。

长期以来，在司法实践中，关于“他洗钱”犯罪主观要件的审查认定和指控证明是办理洗钱犯罪案件的难点。在刑法修正案（十一）将“自洗钱”入罪后，对于如何认定“他洗钱”范畴中的“知道或者应当知道”，新司法解释保留了《最高人民法院关于审理洗钱等刑事案件具体应用法律若干问题的解释》（法释〔2009〕15号）中关于“明知”认定的部分规则，吸收了司法机关办理的一些典型案例中所运用的指控思路，在总体上沿用了“可反驳的事实推定”的模式。在实践中，需要重点把握以下几点：一是认定“知道或者应当知道”要以客观事实为依据，办案时应当调查核实行为人所接触、接收的信息，经手他人犯罪所得及其收益的情况，犯罪所得及其收益的种类、数额，犯罪所得及其收益的转移、转换方式，交易行为、资金账户等异常情况，作为推定“知道或者应当知道”的基础事实依据。二是应当从多角度审查认定是否属于“知道或者应当知道”，全面审查行为人供述和辩解、同案人指认和证人证言等证据，并且结合行为人职业经历、与上游犯罪人员之间的关系等因素，形成关于认定其主观认知的内心确信。三是“知道或者应当知道”是指对上游犯罪事实的概括认知，而非对具体犯罪事实或罪名的判断，将刑法第一百九十一条规定的某一上游犯罪的犯罪所得及其收益，认作该条规定的上游犯罪范围内的其他犯罪所得及其收益的，不影响“知道或者应当知道”的认定。四是准确理解司法解释的“反证排除”规定，对于有证据证明行为人确实不知道系七类上游犯罪所得及其收益的来源和性质的，则应当否定先前的推定意见，依法认定不构成洗钱罪。

问：刑法修正案（十一）将“自洗钱”纳入洗钱罪的打击范围，请结合司法实践谈一谈对“自洗钱”行为如何定罪处罚。

答：“自洗钱”行为如何定罪处罚，这是司法实践中的一大难题。理论界和实务界有不同的观点和做法。在制定司法解释过程中，曾就“自洗钱”入罪的例外情形以及“自洗钱”犯罪与上游犯罪数罪并罚的问题作出规定，但由于各方面意见分歧比较大，未能达成一致共识，最终没有在司法解释中作出规定，留待司法实践继续研究。

对于“自洗钱”行为，什么情况构成犯罪，哪些情形依法数罪并罚，情况非常复杂，而且影响面大，不能一概而论，要具体情况具体分析，区分不同情形审慎确定。在司法实践中，要注意掌握以下几个原则。

一是主客观相一致原则。认定“自洗钱”犯罪，行为人必须要具有洗钱的故意和洗钱的行为，否则不能认定。对于上游犯罪的自然延伸行为，不属于单独的洗钱行为，不具有刑事可罚性，不能认定洗钱罪。比如，实施上游犯罪后，自然持有犯罪所得，没有实施洗钱行为的，不能认定洗钱罪；“自窝藏”行为，也不构成洗钱罪。

二是禁止重复评价原则。对同一犯罪构成事实不能在同一层面作重复评价。对于属于上游犯罪行为的一部分或者与上游犯罪行为存在交叉的洗钱行为，不能作重复评价。比如，上游犯罪行为人提供资金账户接收上游犯罪所得的行为，属于上游犯罪行为的一部分，不能认定洗钱罪。又如，提供资金账户，实施走私犯罪，又用同一资金账户实施洗钱的，洗钱行为与上游犯罪行为存在交叉，在这种情况下，不宜对提供资金账户行为作重复评价，不能单独认定自洗钱犯罪并与上游犯罪实行数罪并罚。

三是罪责刑相适应原则。对“自洗钱”行为定罪处罚，不但要考虑“自洗钱”行为是否构成犯罪，也要考虑数罪并罚所判处的刑罚是否符合罪责刑相适应，还要考虑洗钱刑事案件对刑法体系、司法实践造成的影响和效果。对于一些没有争议的“自洗钱”行为，比如，上游犯罪行为人通过地下钱庄以跨境转移资产的方式洗钱的，应依法数罪并罚；对于一些争议比较大的，要慎重入刑。我们将进一步深入研究，总结经验，适时发布典型案例或者指导性案例，加强业务指导，统一裁判标准，确保刑法得到正确实施。

（来源：最高人民法院公众号2024年8月19日）

最高人民法院　最高人民检察院　公安部

关于印发《最高人民法院、最高人民检察院、公安部关于办理跨境电信网络诈骗等刑事案件适用法律若干问题的意见》的通知

（2024年6月26日）

各省、自治区、直辖市高级人民法院、人民检察院、公安厅（局），解放军军事法院、军事检察院，新疆维吾尔自治区高级人民法院生产建设兵团分院，新疆生产建设兵团人民检察院、公安局：

为全面贯彻习近平法治思想，依法严厉惩治跨境电信网络诈骗等犯

罪活动，最高人民法院、最高人民检察院、公安部联合制定了《关于办理跨境电信网络诈骗等刑事案件适用法律若干问题的意见》，现予印发，请结合实际认真贯彻执行。在贯彻执行中遇到的新情况、新问题，请及时分别报告最高人民法院、最高人民检察院、公安部。

最高人民法院　最高人民检察院　公安部

关于办理跨境电信网络诈骗等刑事案件适用法律若干问题的意见

为依法严厉惩治跨境电信网络诈骗等犯罪活动，根据《中华人民共和国刑法》《中华人民共和国刑事诉讼法》等法律及有关司法解释等规定，结合工作实际，制定本意见。

一、总体要求

1. 跨境电信网络诈骗等犯罪活动严重侵害人民群众生命财产安全，社会危害极大，人民群众反映强烈。人民法院、人民检察院、公安机关要坚持以人民为中心，坚持系统治理、依法治理、源头治理，依法从严惩处，全力追赃挽损，坚决维护人民群众切身利益。依法重点打击犯罪集团及其组织者、策划者、指挥者和骨干成员；重点打击为跨境电信网络诈骗等犯罪活动提供庇护的组织；重点打击犯罪集团实施的故意杀人、故意伤害、绑架、强奸、强迫卖淫、非法拘禁等犯罪行为；重点打击为跨境电信网络诈骗等犯罪集团招募成员而实施组织、运送他人偷越国（边）境的犯罪行为。

2. 人民法院、人民检察院、公安机关要严格依法办案，坚持以证据为中心，贯彻证据裁判原则，全面收集、审查证据，严禁刑讯逼供和以威胁、引诱、欺骗等非法手段收集证据，充分保障犯罪嫌疑人、被告人诉讼权利，准确认定事实，正确适用法律，依法公正办理。

3. 人民法院、人民检察院、公安机关要认真贯彻落实宽严相济刑事政策，充分考虑行为人的一贯表现、主观恶性和人身危险性，做到区别对待、宽严并用、罚当其罪。对于应当重点打击的犯罪分子，坚持总体从严，严格掌握取保候审范围，严格掌握不起诉标准，严格掌握从轻、减轻处罚或者缓刑的适用范围和幅度，充分运用财产刑，不让犯罪分子在经济上得利。对于主动投案、认罪认罚、积极退赃退赔，积极配合办案机关追查相关犯罪、抓捕首要分子和骨干成员、追缴涉案财物起到重要作用的，以及未成年人、在校学生和被诱骗或者被胁迫参与犯罪的人员，坚持宽以济严，依法从宽处罚。

二、依法惩治跨境电信网络诈骗等犯罪

4. 通过提供犯罪场所、条件保障、武装庇护、人员管理等方式管理控制犯罪团伙实施跨境电信网络诈骗、敲诈勒索等犯罪活动，抽成分红或者收取相关费用，有明确的组织者、领导者，骨干成员基本固定，符合刑法第二十六条第二款规定的，应当认定为犯罪集团。

组织者、领导者未到案或者因死亡等法定情形未被追究刑事责任的，不影响犯罪集团的认定。

5. 对于跨境实施的电信网络诈骗、敲诈勒索等犯罪，确因客观条件限制无法查明被害人的，可以依据账户交易记录、通讯群组聊天记录等证据，结合犯罪嫌疑人、被告人供述，综合认定犯罪数额。

对于犯罪集团的犯罪数额，可以根据该犯罪集团从其管理控制的犯罪团伙抽成分红或者收取费用的数额和方式折算。对于无法折算的，抽成分红或者收取费用的数额可以认定为犯罪数额。

6. 犯罪嫌疑人、被告人参加犯罪集团或犯罪团伙，实施电信网络诈骗、敲诈勒索等犯罪行为，犯罪集团或犯罪团伙的犯罪数额已经查

证，但因客观条件限制无法查明犯罪嫌疑人、被告人具体犯罪数额的，应当综合考虑其在犯罪集团、犯罪团伙中的地位作用、参与时间、与犯罪事实的关联度，以及主观恶性和人身危险性等，准确认定其罪责。

7. 犯罪嫌疑人、被告人参加境外诈骗犯罪集团或犯罪团伙，实施电信网络诈骗犯罪行为，犯罪嫌疑人、被告人及所在犯罪集团、犯罪团伙的犯罪数额均难以查证，但犯罪嫌疑人、被告人一年内出境赴境外犯罪窝点累计时间30日以上或者多次出境赴境外犯罪窝点的，应当认定为刑法第二百六十六条规定的“其他严重情节”，以诈骗罪依法追究刑事责任。但有证据证实其出境从事正当活动的除外。

8. 本意见第7条规定的“犯罪窝点”，是指实施电信网络诈骗犯罪活动的作案场所。对于为招募电信网络诈骗犯罪团伙而建设，或者入驻的主要是电信网络诈骗犯罪团伙的整栋建筑物、企业园区、产业园区、开发区等，可以认定为“犯罪窝点”。

“一年内出境赴境外犯罪窝点累计时间30日以上”，应当从犯罪嫌疑人、被告人实际加入境外犯罪窝点的时间起算。犯罪嫌疑人、被告人实际加入境外犯罪窝点的确切时间难以查证，但能够查明其系非法出境的，可以以出境时间起算，合理路途时间应当扣除。确因客观条件限制无法查明出境时间的，可以结合犯罪嫌疑人、被告人的行踪轨迹等最后出现在国（边）境附近的时间，扣除合理路途时间后综合认定。合理路途时间可以参照乘坐公共交通工具所需时间认定。犯罪嫌疑人、被告人就路途时间提出合理辩解并经查证属实的，应当予以采信。

9. 认定犯罪嫌疑人、被告人实施偷越国（边）境行为，可以根据其出入境证件、出入境记录、行踪轨迹、移交接收人员证明等，结合犯罪嫌疑人、被告人供述综合认定。

犯罪嫌疑人、被告人以旅游、探亲、求学、务工、经商等为由申领出入境证件，但出境后即前往电信网络诈骗、敲诈勒索等犯罪窝点的，属于《最高人民法院、最高人民检察院关于办理妨害国（边）境管理刑事案件应用法律若干问题的解释》第六条第（四）项规定的使用以虚假的出入境事由骗取的出入境证件出入国（边）境情形，应当认定为偷越国（边）境行为。

10. 具有下列情形之一的，应当认定为《最高人民法院、最高人民检察院关于办理妨害国（边）境管理刑事案件应用法律若干问题的解释》第五条第（二）项规定的“结伙”：

（1）犯罪嫌疑人、被告人就偷越国（边）境的路线、交通方式、中途驻留地点、规避检查方式等进行商议或者以实际行为相互帮助的；

（2）犯罪嫌疑人、被告人之间代为支付交通、住宿等偷越国（边）境过程中产生的相关费用的；

（3）有犯罪嫌疑人、被告人负责与组织、运送偷越国（边）境的犯罪团伙或者个人联系，并带领其他人员一起偷越国（边）境的。

11. 能够查明被害人的身份，但确因客观条件限制无法当面询问的，可由两名以上办案人员通过视频等远程方式询问，并当场制作笔录，经被害人核对无误后，办案人员逐页签名确认，并注明与询问内容一致。询问、核对笔录、签名过程应当全程同步录音录像。询问过程有翻译人员参加的，翻译人员应当在询问笔录上逐页签名确认。

12. 犯罪嫌疑人、被告人辩解在境外受胁迫实施电信网络诈骗、敲诈勒索等犯罪活动的，应当对其提供的线索或者材料进行调查核实，综合认定其是否属于刑法第二十八条规定的“被胁迫参加犯罪”。

犯罪嫌疑人、被告人在境外实施电信网络诈骗、敲诈勒索等犯罪活动期间，能够与外界保持自由联络，或者被胁迫后又积极主动实施犯罪的，一般不认定为胁从犯。

13. 实施跨境电信网络诈骗、敲诈勒索等犯罪的人员，主动或者经亲友劝说后回国投案，并如实供述自己罪行的，应当认定为自首，依法可以从轻或者减轻处罚。其中，犯罪较轻的，可以免除处罚。

14. 犯罪嫌疑人、被告人在境外实施电信网络诈骗、敲诈勒索等犯罪，犯罪情节轻微，依照法律规定不起诉或者免予刑事处罚的，由主管部门依法予以行政处罚。

三、全面加强追赃挽损

15. 公安机关、人民检察院、人民法院应当全面调查、审查跨境电信网络诈骗、敲诈勒索等犯罪集团、犯罪团伙及其成员的财产状况，依法及时查询、查封、扣押、冻结涉案账户资金、房产、车辆、贵金属等涉案财物。对于依法查封、扣押、冻结的涉案财物，公安机关应当全面收集证明其来源、性质、权属、价值，以及是否应予追缴、没收或者责令退赔等证据材料，并在移送审查起诉时随案移送。人民检察院应当对涉案财物的证据材料进行审查，在提起公诉时提出处理意见。人民法院应当在判决书中对涉案财物作出处理。

16. 犯罪嫌疑人、被告人逃匿境外的电信网络诈骗犯罪案件，犯罪嫌疑人、被告人在通缉一年后不能到案，或者犯罪嫌疑人、被告人死亡的，应当依照法定程序没收其违法所得及其他涉案财产。

解读《最高人民法院关于办理减刑、假释案件审查财产性判项执行问题的规定》*

胡仕浩　骆　电　夏建勇**

2024年4月29日，最高人民法院发布《最高人民法院关于办理减刑、假释案件审查财产性判项执行问题的规定》（以下简称《规定》），自2024年5月1日起施行。《规定》共15条，确立了财产性判项执行与减刑、假释关联的根据；规定了履行能力的判断模式和标准；设置了罪犯财产申报和不利后果告知制度，以及配套的减刑、假释撤销制度；明确了六种不影响或一般不影响悔改表现认定的情形。《规定》是首个对财产性判项执行与减刑、假释关联作出系统性规定的司法解释，对依法规范办理减刑、假释案件，正确处理减刑、假释与财产性判项执行的关系意义重大。为正确理解与适用《规定》，现对《规定》的制定背景、起草中的主要考虑和主要内容介绍如下。

一、《规定》的制定背景

在过去相当长一段时期内，我国的减刑、假释制度在实际适用时，与原判财产刑执行情况基本属于两套体系，处于相互不关联的状况。在

* 该司法文件收录于《刑事法律文件解读》总第226辑，人民法院出版社2024年版，第47～51页。

** 作者单位：最高人民法院审判监督庭。

当时看来，减刑、假释是对限制人身自由刑罚的变更执行，与财产刑执行并无太多关系。最高人民法院先后制定的几个司法文件，如1989年《全国法院减刑、假释工作座谈会纪要》（已失效），1997年《最高人民法院关于办理减刑、假释案件具体应用法律若干问题的规定》（已失效），均没有涉及财产刑执行问题，对“确有悔改表现”界定仅限于认罪服法、遵守监规纪律等四个方面。进入21世纪后，随着执行工作的不断规范，财产刑执行工作受到重视，一些地方为了解决财产刑执行难问题，开始探索将财产刑执行与减刑、假释挂钩。例如，2004年，浙江省湖州市中级人民法院开始试行财产刑执行与减刑、假释关联机制，将罪犯是否积极履行财产刑作为其是否认罪服法的审查标准之一，并对部分未履行财产刑罪犯的减刑幅度予以扣减。福建、云南等地差不多同一时期也进行了这方面的试点。探索表明，将财产刑执行与减刑、假释挂钩能明显提升罪犯履行财产刑的积极性，提高财产刑的执行率。

地方法院的实践和探索得到了最高人民法院的支持和认可。在2005年11月召开的全国减刑、假释工作座谈会上，最高人民法院有关领导在讲话中明确指出，适用减刑、假释时充分考虑财产刑的执行情况符合法律规定。在此后出台的有关司法解释和规范性文件中，财产性判项执行情况与减刑、假释关联制度被正式明确下来。2010年出台的《最高人民法院关于贯彻宽严相济刑事政策的若干意见》中强调，确有执行能力而拒不依法积极主动缴付财产执行财产刑或确有履行能力而不积极主动履行附带民事赔偿责任的，在依法减刑、假释时，应当从严掌握；积极主动缴付财产执行财产刑或履行民事赔偿责任的罪犯，在依法减刑、假释时，应当根据悔改表现予以从宽掌握。2012年出台的《最高人民法院关于办理减刑、假释案件具体应用法律若干问题的规定》（已失效）第二条第三款规定：“罪犯积极执行财产刑和履行附带民事赔偿义务的，可视为有认罪悔罪表现，在减刑、假释时可以从宽掌握；

确有执行、履行能力而不执行、不履行的，在减刑、假释时应当从严掌握。”2016年出台的《最高人民法院关于办理减刑、假释案件具体应用法律的规定》（以下简称《减刑假释规定》）第二条规定：“对于罪犯符合刑法第七十八条第一款规定‘可以减刑’条件的案件，在办理时应当综合考察罪犯犯罪的性质和具体情节、社会危害程度、原判刑罚及生效裁判中财产性判项的履行情况、交付执行后的一贯表现等因素。”2021年《最高人民法院、最高人民检察院、公安部、司法部关于加强减刑、假释案件实质化审理的意见》（以下简称《实质化审理意见》）又进一步将财产性判项履行作为实质化审理的重要内容。

财产性判项履行情况与减刑、假释关联制度的实施，对激发罪犯履行积极性，提高财产性判项执行率，避免“空判”，树立法律权威，起到了显著作用；同时，也充实了作为减刑、假释条件的“确有悔改表现”判断标准，让加强减刑、假释案件实质化审理有了新的抓手。

但是，关联制度在施行过程中也出现了一些亟待解决的问题，主要表现在：一是关联标准不统一。现行司法解释、规范性文件对关联制度的规定较为原则，关联的规则和标准由各地自行掌握，导致实践中标准不一，不同省份执行的标准不同，甚至在同一省份的不同地市把握的标准也存在差异，影响了司法的统一性。二是履行能力判断困难。很多案件特别是异地审判的特殊刑事案件，因罪犯原居住地、涉案财产所在地、案件审判地、罪犯服刑地均不在同一地方，判决生效后，往往只注重于自由刑的交付执行，忽视了对财产性判项的执行；即使进入执行程序的案件，也可能由于跨地区、跨部门的沟通协作机制不顺畅，刑罚执行机关对罪犯财产性判项的执行情况难以全面掌握。在很多地方，仍然主要根据监狱提供的罪犯狱内消费、账户余额等情况去倒推罪犯的履行能力，由于缺乏有效的财产查控协作机制，难以作出履行能力有无的判断。三是机械关联、过度关联问题突出。在一些地方，偏重于财产性判项的履行结果，搞“一刀切”，要求财产性判项全部履行才能减刑、假释，没有履行完的就一律不报请、不裁定。过度关联问题也成为影响减刑、假释正常适用的重要原因，阻碍了减刑、假释制度功能的正常发挥。

为落实党中央关于完善刑罚执行制度的决策部署，最高人民法院将规范财产性判项履行与减刑、假释关联制度作为完善刑罚执行制度的重要举措列入改革任务台账，明确由审判监督庭承担有关工作。审判监督庭成立工作专班先后前往广东、湖南、浙江、吉林等地广泛开展座谈、调研，在此基础上起草出《规定》初稿。成稿后经审监庭刑事专业法官会议多次讨论，反复修改，形成征求意见稿征求院内立案庭、各刑事审判庭、执行局和研究室等部门和地方各高院意见。根据反馈的意见和建议进行修改后，又书面征求中央纪委国家监委、全国人大常委会法工委、最高人民检察院、公安部、司法部等有关中央单位意见。审判监督庭还邀请部分全国人大代表、全国政协委员和专家学者对《规定》进行专门座谈，充分听取社会各界的意见建议。2024 年 1 月 3 日，最高人民法院审判委员会第 1910 次会议审议通过了《规定》。

二、《规定》起草中的主要考虑

《规定》坚持以习近平法治思想为指导，着力解决审判实践中办理减刑、假释案件与财产刑关联制度认识不清晰、标准不统一问题，在制定过程中始终坚持以下原则。

一是坚持问题导向。《规定》起草工作始终以“发现真问题、开展真调研、解决真问题”作为出发点和落脚点。在广泛调研的基础上，梳理出实践中普遍存在的关联根据认识模糊、关联规则不清、履行能力判断方法不统一、判断标准不具体等问题，并对这些问题进行了分门别类的梳理和研究，有针对性地提出解决方案。在征求意见过程中，不少地方反映《规定》切中了当前关联制度运行中的突出问题，是一个“解渴”的规定，希望能早日出台。

二是坚持效果导向。关联制度将财产性判项履行与自由刑的执行“捆绑”，制度设置得当则财产性判项履行与自由刑执行皆受其益；如制度设置不当，则可能产生诸多负面效应。不当关联不仅会影响罪犯的改造积极性，增加刑罚执行机关的监管压力，也会造成减刑、假释上的不公平，给公众产生“以钱买刑”的印象。正如征求意见过程中多个部门反馈的意见，关联的政策尺度要慎重把握，防止出现“跷跷板效应”。在《规定》制定过程中，我们始终坚持以效果为导向，坚决杜绝可能带来不良导向的制度设置。在较早的过程稿中，曾规定财产刑履行程度与减刑幅度直接挂钩，后来考虑到如此规定可能造成履行能力不同的罪犯在减刑待遇上的不平等，因此，放弃了该规定，转而将关注点聚焦在履行能力上。

三是务求最大共识。在起草《规定》过程中，广泛进行调研，充分听取有关方面和社会各界的意见，为最大限度凝聚共识打下了基础。关联机制运行中有很多方面需要规范，有些问题已经具有共识，有些问题则争议较大。比如，“三类罪犯”从严的规定要不要扩大到恶势力犯罪罪犯，实践中就存在比较大的争议。一种观点认为，恶势力是黑社会性质组织犯罪的雏形，在扫黑除恶常态化背景下，对黑社会性质组织犯罪罪犯从严的规定也应适用于恶势力犯罪罪犯。另一种观点则认为，“三类罪犯”具有特定含义，即职务犯罪、破坏金融管理秩序和金融诈骗犯罪、组织（领导、参加、包庇、纵容）黑社会性质组织犯罪罪犯，对“三类罪犯”从严减刑、假释是中央的明确要求，不能随意扩大范围。由于该问题意见分歧较大，《规定》中没有明确，留待以后进一步统一认识。

三、《规定》的主要内容

《规定》共15条，主要内容包括：“一个根据”——财产性判项执行与减刑、假释关联的根据；“一种模式”——履行能力的判断模式；“一个机制”——执行法院与监狱的协助配合工作机制；“两项制度”——罪犯财产报告和不利后果告知制度，以及配套的减刑、假释撤销制度；“两个标准”——确有履行能力而不履行和确无履行能力两种情形的判断标准；“六种情形”——六种不影响或一般不影响悔改表现认定的情形。

（一）财产性判项执行与减刑、假释关联的根据

1. 财产性判项执行情况是判断罪犯是否“确有悔改表现”的因素

《规定》第一条第一款规定：“人民法院办理减刑、假释案件必须审查原生效刑事或者刑事附带民事裁判中财产性判项的执行情况，以此作为判断罪犯是否确有悔改表现的因素之一。”《减刑假释规定》只是将财产性判项履行情况作为减刑案件应当综合考察的因素，此次《规定》进一步明确了财产性判项执行情况是判断罪犯确有悔改表现的因素。

减刑、假释适用的基本条件是“确有悔改表现”，过去对悔改表现的判断主要依据罪犯在监狱里的服刑改造表现。在探索将财产性判项履行与减刑、假释挂钩的过程中，大家发现这种挂钩并不唐突，财产性判项执行情况可以合理地嵌入悔改表现的认定中。因为悔改表现作为对罪犯在刑罚执行期间改造主客观表现的综合评价，将财产性判项执行情况纳入悔改表现中考量，不仅没有逻辑障碍，还可以充实完善悔改表现的判断标准。但是，过去由于对财产性判项执行与减刑、假释关联根据的定位不够清晰，一些地方出现了机械关联、过度关联等问题。《规定》

将财产性判项执行情况明确为判断罪犯确有悔改表现的因素，有利于廓清实践中的模糊认识，推进关联制度的规范运行。

2. 减刑、假释与财产性判项执行关联的基础是履行能力

财产性判项执行情况之所以影响减刑、假释适用，关键在于其直接反映罪犯对待犯罪结果和法院裁判的态度，因而可作为判断罪犯是否"确有悔改表现"的重要因素。现实生活中，罪犯的财产状况不尽相同，履行财产性判项的能力存在差别。罪犯态度只有在考虑其履行能力的基础上才能作出合理判断。有履行能力而不履行，体现出罪犯不服从法院裁判、不尊重司法权威、逃避法律责任的态度，在减刑、假释时应给予否定评价；确无履行能力的罪犯，则不宜因其未履行财产性判项而影响对其减刑、假释。《规定》第三条第一款明确，财产性判项未执行完毕的，人民法院应当着重审查罪犯的履行能力，就是将财产性判项执行与减刑、假释关联的基础建立在合理判断履行能力的前提上。

由于履行能力判断难，过去一些地方将履行结果或者履行程度作为关联的最重要因素，甚至只考虑履行与否，只要没有履行的，就不予减刑、假释，搞"一刀切"，完全不考虑罪犯的履行能力。一些确无履行能力的罪犯，即便改造表现良好，但未能履行财产性判项，也无法获得减刑、假释机会。这无疑会挫伤罪犯改造积极性，增加监狱监管压力，不利于教育和改造罪犯目的的实现。

（二）财产性判项执行与减刑、假释的关联规则

《规定》第四条是对财产性判项执行与减刑、假释关联规则的规定，分以下几种情况。

1. 罪犯有财产性判项履行能力的，应在履行后方可减刑、假释

实践中，适用本规则要注意两点：一是罪犯对财产性判项的履行能力有全部履行能力和部分履行能力之分，履行后才能减刑、假释的要求是基

于其履行能力而言，有全部履行能力的应全部履行，有部分履行能力的只要求部分履行。二是要求罪犯在能力范围内履行财产性判项才能减刑、假释，关键在于考察罪犯真诚认罪悔罪、积极改造并履行判决义务的态度，非其个人原因导致不能履行的，一般不应影响对其减刑、假释。

2. 罪犯确有履行能力而不履行的，不予认定其确有悔改表现，除法律规定情形外，一般不予减刑、假释

《减刑假释规定》中，确有履行能力而不履行是作为从严减刑和不得假释的情形。近年来，随着各地在办理减刑、假释案件时对财产性判项执行情况审查的空前重视，实践中对于二者如何合理关联的认识不断深化。确有履行能力而不履行不认定确有悔改表现，不得减刑、假释，已成为各政法单位的普遍共识，《实质化审理意见》第七条正是这种共识的体现。需要特别指出的是，有履行能力而不履行不等同于未履行，《规定》第六条列举的情形都属于对抗执行的行为，将不认定“确有悔改表现”严格限定于这些情形，既符合司法实践，也不存在法理障碍。

3. 罪犯确无履行能力的，不影响对其确有悔改表现的认定

履行能力是财产性判项执行与减刑、假释关联的基础，让没有履行能力的罪犯因未履行而承担不得减刑、假释的后果，与减刑、假释的制度初衷是背离的。减刑、假释作为刑罚执行变更制度，主要目的是激励罪犯改造，在适用中考虑财产性判项执行情况，也不应脱离确有悔改表现这一条件框架。而且，没有履行能力的罪犯在获得减刑、假释后，其财产性判项该执行的仍然要继续执行，不会因在减刑、假释中关联与否而有任何改变。罪犯确无履行能力的，对其确有悔改表现的认定，无须纠结于其没有履行财产性判项，而是应该根据其在监狱内的改造表现，根据其是否符合认罪悔罪、遵守法律法规及监规、积极参加教育、完成劳动任务等条件来判定。

4. 罪犯因重大立功减刑的，依照相关法律规定处理，一般不受财

产性判项履行情况的影响

这是一个提示性的规定，刑法规定罪犯有重大立功表现的应当减刑，重大立功是因为对国家和社会有重大贡献，与确有悔改表现是并列的减刑条件，而财产性判项履行情况关系的是确有悔改表现的认定，所以不受影响。之所以加了“一般”的限定，主要是考虑有重大立功表现的罪犯，如果有抗拒财产性判项执行情形，虽然不影响其减刑资格，但在减刑幅度上仍然可以考虑适当从严。《规定》第四条第三款没有规定一般立功，因为一般立功在法律规定上是可以减刑，而非应当减刑。《减刑假释规定》对一般立功减刑还规定了与确有悔改表现减刑一样的起始时间和间隔时间要求，实践中，因一般立功表现减刑的情况很少，且基本是与确有悔改表现一起适用。

（三）履行能力的判断模式和判断标准问题

履行能力判断难的原因，一是有相当数量被判处财产性判项的罪犯在交付监狱执行自由刑后，原生效刑事判决的财产性判项没有进入法院执行程序。未经过执行法院对财产状况的专门查证，对履行能力的判断不仅困难，结论也缺乏足够说服力。二是监狱对罪犯狱外财产状况的查证能力有限，对财产性判项执行信息主要靠函询，但一些地方监狱和执行法院的衔接配合机制不畅，导致监狱难以掌握相关材料。实践中，主要依据罪犯在监狱内的月均消费数额和账户余额等指标倒推履行能力的做法，可靠性无法让人放心。有的罪犯明明有履行能力，但认为履行财产性判项不划算，故意通过压低月均消费、借用其他罪犯账户消费等方式逃避执行；有的重刑罪犯服刑初期有人探监导致账户余额较多，但实际履行能力差。解决履行能力判断难问题，关键在于确立科学合理的判断模式和判断标准。

1. 履行能力的判断模式

为解决履行能力判断难问题，《规定》第三条第二款规定："罪犯的履行能力应根据财产性判项的实际执行情况，并结合罪犯的财产申报、实际拥有财产情况，以及监狱或者看守所内消费、账户余额等予以判断。"该款是在总结各地审查判断履行能力经验做法的基础上，提出的"三看"（看财产性判项的执行情况，看罪犯的财产申报、实际拥有财产情况，看罪犯的狱内经济状况）递进式判断罪犯履行能力的模式。这种判断模式的优点如下。

一是评价的全面性。执行法院可以依法查控被执行人的财产，包括向有关单位查询被执行人的存款、债权、股票、基金份额等财产情况；根据不同情形扣押、冻结、划拨、变价被执行人的财产；对于妨害执行的予以罚款、拘留，构成犯罪的追究刑事责任。执行结案的方式可以分为执行完毕、终结本次执行程序、终结执行等。财产性判项的执行是对罪犯财产的专门查证，执行情况毫无疑问应该作为判断罪犯履行能力的基础。但是，执行法院的财产查控手段也是有限的，被执行人藏匿、转移财产往往较为隐秘，一时难以发现，执行情况也不一定能与被执行人的实际执行能力相符，所以判断时有必要引入其他因素。罪犯对本人的财产状况是最清楚的，让其申报财产，陈述自己的履行能力，并告知不履行财产性判项的不利后果，不仅是对有履行意愿者的提醒，也是对没有履行意愿者的警告，更是为减刑、假释裁定可能被撤销提供正当化依据。

对罪犯的财产申报，监狱可以进行初步查证，收集其实际拥有财产情况的有关材料。罪犯的监狱内经济状况是可以辅助判断的一个方面，包括月均消费和账户余额情况。罪犯虽然经过执行查证没发现财产，但其狱内消费超标，且没有正当理由的，就不能认为其没有履行能力，而应该认定其有履行能力。通过对罪犯财产的专门查证，再结合罪犯本人的财产申报和其在狱内的经济情况，这种递进式的判断方式，能够全面地评价罪犯的履行能力，由此得出的结论也具有较高的可靠性。

二是操作的可行性。"三看"的判断模式，比一些地方规定的综合判断模式更具可行性。综合判断模式要求结合财产性判项金额、原判已追缴情况、罪犯经济条件和财产状况、是否如实报告个人财产、服刑期间消费支出、法院执行情况、有无实施故意隐瞒或者逃避执行等因素综合审查认定履行能力。这种综合判断法看似全面，但判断的因素列举过多，且各种因素之间的关系不清楚，操作起来较为困难。"三看"的判断模式简单明了，有主有次。罪犯应当履行的财产性判项履行了多少，有没有履行能力，有没有妨害执行的行为，执行法院都会给出结论，不需要负责减刑、假释的法院绞尽脑汁去分析。没有履行完毕的，再看罪犯的财产申报、实际拥有财产情况，看罪犯的狱内经济状况，要看的材料也明确。而且罪犯的财产申报和狱内消费、账户余额等材料，是在监狱内形成，监狱对此也不存在收集和提供上的难度。

这一判断方法须以执行为前提，即执行要前置。对刑事案件中的财产性判项要及时移送执行，做好执行法院与监狱之间的工作衔接和配合，这在最高人民法院的多个司法解释中均有规定，也是《实质化审理意见》中的要求。目前，在一些省市已经做到对刑事案件的财产性判项全部立案执行，并且实现了执行信息对监狱、检察机关的共享，还没有做到的省市，应当按照有关规定尽快落实财产性判项的立案执行。

2. 履行能力的判断标准

《规定》明确了确有履行能力而不履行和确无履行能力两种情形的判断标准。

(1) 确有履行能力而不履行的判断标准。

《规定》第六条第一款采用列举的方式明确了确有履行能力而不履行的情形，分别是：①拒不交代赃款、赃物去向的；②隐瞒、藏匿、转移财产的；③妨害财产性判项执行的；④拒不申报或者虚假申报财产情况的。此外，还明确了两种视为确有履行能力而不履行的情形：①罪犯采取借名、虚报用途等手段在监狱、看守所内消费的；②无特殊原因明显超出刑罚执行机关规定额度标准消费的。这些情形是在深入调研各地实施财产性判项执行与减刑、假释关联制度经验的基础上总结而来的，并充分听取了社会各界和各政法机关的意见，是政法机关的共识。

为了便于大家理解和掌握该条的内容，需要说明三点。

一是《规定》关于确有履行能力而不履行的情形与民事诉讼法中的有关表述并不完全一致，而是采用了减刑、假释规范性文件中的已有表述。例如，第六条第一款第二项隐瞒、藏匿、转移财产，根据民事诉讼法和有关司法解释的规定，与这一行为并列的还有毁损、无偿转让、以不合理的低价转让财产。不是说对毁损、无偿转让、以不合理的低价转让财产的行为不纳入评价，而是考虑《实质化审理意见》中已将其类型化，并在实践中为广大办理减刑、假释案件的司法人员所熟知，应尽量避免表述不同所引起的混乱。而且，无偿转让、以不合理的低价转让也属于广义上的转移财产，毁损可以归入妨害执行的情形。所以，该条与民事诉讼法中有关表述差异仅是形式上的，实质上并无二致。在司法实践中，需要特别注意的是，某些犯罪分子在刑事判决后利用协议离婚手段放弃共有财产，逃避财产性判项的执行，表面上看似真实自然，实际上是恶意转移财产，这是法律不能允许的。应当说，只要是犯罪行为发生时依法应当确认的犯罪分子共同财产，都不能允许在刑事判决后利用离婚手段逃避执行，都要纳入减刑、假释时对财产性判项执行情况的审查范围。

二是妨害财产性判项执行的情形在确有履行能力而不履行的认定中具有兜底作用。严格讲，第一种情形既是不认罪不悔罪的表现，也是对抗执行的行为，第二种情形是典型的妨害执行行为。这两种情形是主要的妨害执行行为，但也不排除罪犯可能实施其他的妨害执行行为，如毁损财产的行为等。

三是拒不交代赃款、赃物去向的判定。不少地方反映，拒不交代赃款、赃物去向的认定在实践中不好把握，比如，罪犯对赃款、赃物去向有交代，但称用于娱乐消费或用于赌博、放高利贷等，是否属于拒不交代？我们认为，要求罪犯交代赃款、赃物去向，不仅是为了考察罪犯的认罪悔罪态度，更是为了追赃挽损。罪犯对赃款、赃物去向的交代需要经过查证，查证不属实的应该认定为拒不交代。难以查证的，应当分析罪犯交代内容的合理性，结合其行为习惯等综合判断交代的真实性，不宜简单以难以查证或用途非法为由认定罪犯拒不交代。

（2）确无履行能力的判断标准。

《规定》第七条确立的确无履行能力的判断标准由正向证明和反向排除两个要件组成。所谓正向证明，就是要求经过执行法院的查控没有发现可供执行的财产。执行法院作为财产性判项的专门执行机关，有查询和控制被执行人财产状况的职责和手段，经过执行法院的查控，如果没有发现罪犯有可供执行的财产，就符合了正向证明的要件。从理论上讲，经过执行法院对罪犯财产的查控，有无履行能力应该有一个客观结论，但是实践中，没有履行意愿的罪犯总是千方百计隐瞒自己的财产，执行法院的查控在大多数情况下也仅限于查询、扣押、冻结等常规手段，往往很难查明罪犯真实的财产状况。

实践中曾有这样的案例，罪犯在报请减刑时有部分罚金未履行完毕，执行法院因未发现财产已作出终结本次执行裁定。法院在审理减刑时，发现该罪犯的狱内月均消费在终本裁定作出前正常，但在终本裁定作出后出现了明显异常，由原来的几百元突然蹿升到上千元，且不能说明正当理由。监狱内的月均消费通常有一定标准，该标准与罪犯的待遇等级相关，但即便是最低的消费标准，也应该能够保障罪犯基本生活需要。无正当理由的超标消费，一方面反映出罪犯并非完全没有履行能力，另一方面也能反映出罪犯不愿履行的心态，这就属于在认定罪犯确无履行能力时要排除的“负面清单”行为。

所以，除了正向证明没有可供执行的财产外，还需要进一步考察罪犯是否存在“负面清单”上的行为，也就是从反向排除罪犯是否具有确有履行能力而不履行的情形。

（四）《规定》对减刑、假释案件受理材料的要求

《最高人民法院关于适用〈中华人民共和国刑事诉讼法〉的解释》（以下简称《刑事诉讼法解释》）对刑罚执行机关报请减刑、假释时移送的材料作了要求，对于存在财产性判项履行的，要求移送刑事裁判涉财产部分、附带民事裁判的执行、履行情况。《规定》第五条对财产性判项未履行完毕的罪犯在报请减刑、假释时需要移送的材料进一步作了明确规定。根据《规定》的要求，财产性判项未执行完毕的减刑、假释案件，人民法院在受理时应当重点审查下列材料：(1) 执行裁定、缴付款票据、有无拒不履行或者妨害执行行为等有关财产性判项执行情况的材料；(2) 罪犯对其个人财产的申报材料；(3) 有关组织、单位对罪犯实际拥有财产情况的说明；(4) 不履行财产性判项可能承担不利后果的告知材料；(5) 反映罪犯在监狱、看守所内消费及账户余额情况的材料；(6) 其他反映罪犯财产性判项执行情况的材料。

《规定》要求刑罚执行机关报送的主要是三方面材料。

一是反映案件执行情况的材料，执行情况包括执行机关对罪犯财产的查控情况，以及罪犯是否具有隐瞒、藏匿、转移财产，或者妨害执行受到处罚等情况。

二是罪犯向服刑监狱申报个人财产，监狱告知罪犯不履行财产性判项可能承担不利后果，保障罪犯知情权的材料。对于罪犯的财产申报，

监狱可以视情况进行核实，调取有关组织、单位对罪犯实际拥有财产情况的说明。需要注意的是，不能把有关组织、单位对罪犯实际拥有财产情况的说明简单理解为村委会、居委会的说明，也不是所有报请减刑、假释的案件都要求具备该类材料，而是根据罪犯财产申报的具体情况，有必要核实而形成的材料。比如，罪犯申报的不动产、有价证券、存款等情况，与执行查控的情况可能不符的，则要进一步核实，从有关组织、单位调取说明。

三是反映罪犯狱内经济状况的材料，主要是账户余额、月均消费情况等。这部分情况归监狱掌握，监狱能够提供完整全面的数据。这些材料是判断履行能力的基本依据。实践中，可能还存在一些其他材料对判断罪犯执行情况具有价值，为防止遗漏，《规定》设置了兜底条款。

在《规定》征求意见过程中，有观点认为，财产性判项是由法院执行的，监狱发函了解财产性判项执行情况在实践中存在一定的困难，由法院内部查询更为便利，建议监狱仅提供狱内产生的有关材料。司法实践中确实存在监狱调查财产性判项执行情况能力不足，面临执行法院回函率低、回函内容不规范等问题，《规定》综合各方意见最终没有采纳该建议，主要考虑如下三点。

一是财产性判项履行情况是判断罪犯是否确有悔改表现的考量因素，关系减刑、假释条件是否符合，监狱作为减刑、假释的报请机关，对罪犯确有悔改表现负有查明和举证责任，由其调取和收集执行情况的材料符合法理。

二是《刑事诉讼法解释》和《最高人民法院关于减刑、假释案件审理程序的规定》对受理减刑、假释案件应审查的移送材料均明确包括财产性判项的执行、履行情况，《规定》第五条仅是对此前司法解释要求的进一步重申，没有创设新的制度、提出新的要求。

三是由监狱负责调取和收集财产性判项执行情况材料的模式在全国施行多年，虽然还存在一些不完善的情况，但总体运行情况证明该模式是可行的，一些地方通过加强政法单位之间的协同配合，函查难问题得到了较好的解决。当然，要真正解决监狱调查执行情况面临的能力不足和执行法院配合衔接不顺畅的问题，需要法院切实加大力度和进一步规范对财产性判项的执行；建立刑罚执行机关可以查询的财产性判项执行信息共享机制；强化执行法院和监狱之间的配合衔接机制。最高人民法院执行局正在起草相关的司法文件对上述方面进行规范，人民法院的信息化建设也要充分考虑财产性判项执行信息共享的需求，随着这些制度机制的落地，上述问题将会得到有效解决。

针对当前实践中存在的监狱、法院执行信息沟通协作尚不够理想的问题，《规定》在第十三条中明确了法院和监狱的配合协作机制，对法院的具体要求包括以下三点。

一是法院将罪犯交付执行刑罚时，如果生效裁判中有财产性判项，应当将财产性判项实际执行情况的材料一并移送刑罚执行机关。这不是一项新要求，《减刑假释规定》第三十八条明确交付执行时要一并移送财产性判项执行、履行情况的有关材料。实践中，该要求在有些地方落实情况不理想，所以《规定》对此作了重申。

二是执行财产性判项的法院收到刑罚执行机关核实罪犯财产性判项执行情况的公函后，应当在七日内出具相关证明，已经执行结案的，应当附有关法律文书。在此前的法律、司法解释和规范性文件中没有这样具体的要求，但是法院和监狱同为政法机关，有相互配合的义务。实践中，有些地方的法院对监狱的函查不重视、不规范回复或不予回复的现象不同程度存在，影响对罪犯报请减刑、假释工作的顺利推进。明确执行法院在七日内的回复职责，是关系《规定》能否见效的关键机制，各级法院必须认真执行、严格落实。

三是执行财产性判项的法院在执行过程中，发现财产性判项未执行完毕的罪犯具有《规定》第六条第一款第一项、第二项、第三项所列情形的，应当及时将相关情况通报刑罚执行机关。这是一项新要求。主要考虑是该三类情形，特别是第二项、第三项情形属于执行过程中发生的情形，作为刑罚执行机关的监狱难以掌握，但这些情形又直接关系罪犯能否报请和裁定减刑、假释，所以执行法院应当主动通报刑罚执行机关。

如果罪犯刑期较长，可能会有几次减刑，监狱是否每次报请减刑都需要重新收集《规定》第五条第一款所要求的材料？有关罪犯财产申报、不利后果告知的材料，以及反映罪犯狱内经济状况情况的材料，是要重新收集的，因为罪犯的财产情况是可能变化的，狱内消费、账户余额也不是确定的，需要及时更新以作为判断依据。至于财产性判项执行情况的材料，则要考虑执行的具体情况：自动履行完毕，或者强制执行后终结执行的，一般不需要重新调取；只是暂未发现有可供执行的财产，没有终局性的结论，仅是终结本次执行的，则在下次报请减刑前仍然需要了解执行的进展情况。

（五）保障履行能力判断的两项制度

《规定》第五条第一款第二项、第三项中规定的材料，实质上确立了一项制度，即罪犯财产申报和不利后果告知制度。

《规定》确立的财产申报是罪犯向刑罚执行机关所作的申报，与民事诉讼法规定的财产报告制度不同。首先，接受主体不同。《规定》规定的财产申报接受主体是刑罚执行机关，民事诉讼法中的财产报告接受主体是执行法院。其次，制度目的不同。《规定》规定的财产申报是为了查明罪犯的履行能力，准确适用减刑、假释，民事诉讼法中的财产报告制度则属于一种执行措施，目的是执行。最后，法律后果不同。

违反《规定》的财产申报制度，拒不申报或者虚假申报的，属于确有履行能力而不履行的情形，不认定为确有悔改表现，不得减刑、假释，已被减刑、假释的，可撤销减刑、假释。违反民事诉讼法规定的财产报告制度的后果是予以罚款、拘留等司法处罚。

不利后果告知和财产申报是一体的，在罪犯申报财产时，应当告知其不履行财产性判项可能承担的不利后果，这既是让罪犯知晓财产性判项的履行态度关系能否减刑、假释，保障其知情权，也督促其积极履行财产性判项。同时，不利后果告知也为《规定》中的撤销减刑、假释制度提供正当性依据。

《规定》第十四条规定了裁定作出前发现罪犯确有履行能力而不履行的如何处理，以及裁定作出后发现罪犯确有履行能力的如何处理，确立了虚假申报、故意隐瞒财产，情节严重应当撤销减刑、假释裁定的制度。《规定》已经明确确有履行能力而不履行，不认定确有悔改表现，在审理过程中发现罪犯具有该情形的，应当裁定不予减刑、假释。报请机关在裁定作出前发现有该情形的，也可以主动撤回减刑、假释建议。

《规定》第十四条关于虚假申报、故意隐瞒财产，情节严重，应当撤销减刑、假释裁定的规定，与《刑事诉讼法解释》的规定是一致的。《刑事诉讼法解释》第五百四十一条规定，人民法院发现本院已经生效的减刑、假释裁定确有错误的，应当另行组成合议庭审理；发现下级人民法院已经生效的减刑、假释裁定确有错误的，可以指令下级人民法院另行组成合议庭审理，也可以自行组成合议庭审理。罪犯虚假申报、故意隐瞒财产，属于确有履行能力而不履行，不符合减刑、假释条件，如果被裁定减刑、假释，自然可以认为是减刑、假释裁定确有错误，应当重新审理。重新审理的结果不外乎维持原裁定和撤销原裁定两种结果。

撤销减刑、假释裁定的情形确定为虚假申报、故意隐瞒财产，并且以情节严重作为限制。主要考虑：一是由于规定了财产申报制度，罪犯的履行态度可以在申报环节得以固定，虚假申报是行为的表面，故意隐瞒财产则是行为的目的，虚假申报、故意隐瞒财产可以准确概括影响确有悔改表现认定的履行态度。二是维护生效裁定的既判力和个别的具体情况也是需要考虑的因素。有的案件可能发现存在上述情况时，罪犯已经刑满释放回归社会较长时间，涉及的财产性判项数额也不大，如果撤销减刑、假释裁定，再收监执行不仅司法成本高，社会效果也不好。因此，有必要加上情节严重的限定，办案人员在实践中要全面理解该规定的含义，既不能让那些确有履行能力而不履行的罪犯从减刑、假释中讨到便宜，也要考虑撤销的实际效果，正确行使自由裁量权。

（六）几种不影响悔改表现认定的情形

《规定》明确了六种不影响或一般不影响悔改表现认定的情形。《规定》第八条规定了罚金执行中两种不影响悔改表现认定的情形。第一种情形是罪犯被判处的罚金被执行法院裁定免除的，其他财产性判项未履行完毕不影响对其确有悔改表现的认定，但罪犯确有履行能力的除外。实践中，各地法院在作出免除罚金裁定时非常慎重，对免除罚金的条件把握十分严格，免除罚金的案件数量也很少。罪犯被裁定免除罚金，实质上是法院对其没有履行能力作了认定，所以其他财产性判项没有履行也不应影响确有悔改表现的认定。《刑事诉讼法解释》第五百二十九条也规定，执行刑事裁判涉财产部分、附带民事裁判过程中，具有依照刑法第五十三条规定免除罚金情形的，人民法院应当裁定终结执行。《规定》内容与《刑事诉讼法解释》的精神一致。加上罪犯确有履行能力除外的限制，是考虑到罪犯在被免除罚金后，其履行能力还可能出现变化，比如，因某种原因而具有了履行能力，还有可能罪犯隐瞒了履行能力，这种情况下，仍然需要考虑其他财产性判项的执行情况。第二种情形是判决确定分期缴纳罚金，罪犯没有出现期满未缴纳情形的，不影响对其确有悔改表现的认定。分期缴纳是刑法规定的罚金缴纳方式之一，只要没有逾期缴纳，就没有必要因为还有未缴纳的罚金而去审查其履行能力，进而影响确有悔改表现的认定。至于罪犯还有其他财产性判项未履行的，则仍应该审查其履行能力。

《规定》第九条明确了没收财产执行中不影响确有悔改表现认定的情形，即除具有《规定》第六条第一款所列情形外，没收财产判项执行情况一般不影响对罪犯确有悔改表现的认定。因为没收财产判项与其他财产性判项在严厉程度和执行方式上存在区别。其他财产性判项可以由法院强制执行，也可以由罪犯主动履行，但没收财产作为最严厉的财产刑，应该由国家依职权强制执行，罪犯只是被执行的对象。一般来说，只要罪犯不存在妨害执行的行为，没收财产的执行情况就不宜影响对其悔改表现的认定。

《规定》第十条规定了承担民事赔偿义务中，不影响确有悔改表现认定的三种情形。第一种情形是罪犯有履行意愿，且已经将款项提存，只是没有找到被害方或被害方不接受，自然是不应该影响对罪犯悔改表现的认定。需要注意的是，此处的提存可以理解为泛指将钱款交予第三方保管，不仅限于公证部门，也包括法院以及具有公信力的第三方。第二种情形是分期履行，只要没有出现期满未履行的，和分期缴纳罚金一样，也不影响悔改表现的认定。当然，分期履行的前提是对方当事人同意。第三种情形实质上是被害方放弃了民事权利，因为罪犯的履行义务已不存在，自然不应当再影响减刑、假释。

（七）其他内容

1. 关于财产性判项的范围问题

《规定》第一条将财产性判项限定为生效的刑事或刑事附带民事裁判所确定罪犯承担的被依法追缴、责令退赔、罚金和没收财产判项，以及民事赔偿义务等判项。实践中，有个别案件存在漏判财产性判项的情况，一些地方规定审理减刑、假释的法院可以根据裁判查明的事实予以确定。我们认为，由审理减刑、假释案件的法院确定漏判项，不仅有侵犯原审法院裁判权之嫌，也会增加减刑、假释审理法院的负担和风险，因此，有必要限定为生效刑事或刑事附带民事裁判所确定的判项。财产性判项的类型延续了《减刑假释规定》第四十一条的规定，但在表述上作了一些调整。

关于另行提起民事诉讼确定的民事赔偿义务是否纳入财产性判项范围的问题，在《规定》制定过程中进行了反复讨论，最终采用了一种折中方案，即第十一条规定法院办理减刑、假释案件时应对另行提起民事判决确定的赔偿义务判项执行情况进行审查，并结合《规定》综合判断罪犯是否确有悔改表现。《规定》没有直接将另行起诉确定的民事赔偿义务判项视为财产性判项，而是提示法院要对之进行审查；也不是直接适用《规定》，而是结合《规定》综合判断罪犯是否确有悔改表现。

2. 关于连带责任中的履行问题

实践中，承担连带责任的部分罪犯履行了全部赔偿义务，没有履行的罪犯如何适用减刑、假释，各地的做法不统一。有的规定不影响减刑、假释，有的规定要从严掌握。《规定》第二条第二款对此作了规定，明确只要其中部分人履行全部赔偿义务，即可认定附带民事赔偿判项已经执行完毕。也就是说，没有履行的罪犯也视作履行完毕，不再考虑对悔改表现认定的影响。主要考虑是，被害方已经全额获得赔偿，已不存在执行问题，没有必要再影响对罪犯的减刑、假释。与之相关的另一个问题是，连带责任中罪犯应当履行到何种程度才算履行完毕，我们认为，罪犯单独或与共同犯罪人履行全部赔偿义务，才能算履行完毕。如果只是履行了部分赔偿责任，仍属于未履行完毕，需要回到履行能力的判断上来确认对减刑、假释的影响。

3.《规定》第六条第三款中“上述情形消失或者罪犯财产性判项执行完毕六个月后方可依法减刑、假释”如何理解

实践中，有的地方没有经过一个考验周期的规定，只要履行完毕，或者不履行情形消除，就可以报请裁定；有的地方则规定原来的考核分清零，要重新考核，符合要求才能再报。我们认为，给予此类罪犯一定的惩戒确有必要，推迟六个月再减刑、假释较为合理。征求意见时，有单位建议修改为“上述情形消失且罪犯财产性判项履（执）行完毕的，六个月后方可减刑、假释”。经过讨论，我们认为，如果罪犯不再有该行为，也即情形消失，仍应回到履行能力的有无上来确定是否符合减刑、假释条件，而不宜简单要求应履行完毕。

4. 关于《规定》中的履行与执行的界定问题

《规定》中的执行属于广义上的执行，既包括法院的强制执行，也包括罪犯的主动履行。《规定》中也有使用履行表述的，主要是从罪犯义务角度，以及基于语言准确性和具体语境所作的选择，《规定》有关履行能力和履行义务的表述就是此例。

（来源：《人民司法》2024 年第 16 期）

地方司法业务文件与解读

江苏省预防未成年人犯罪条例

（2017 年 3 月 30 日江苏省第十二届人民代表大会常务委员会第二十九次会议通过　2024 年 7 月 31 日江苏省第十四届人民代表大会常务委员会第十次会议修订）

目　录

第一章　总　　则

第一条　为了有效预防未成年人违法犯罪，根据《中华人民共和国预防未成年人犯罪法》等法律、行政法规，结合本省实际，制定本条例。

第二条 本省行政区域内未成年人犯罪的预防，适用本条例。

第三条 预防未成年人犯罪，坚持预防为主、提前干预、依法矫治，对未成年人的不良行为和严重不良行为及时进行分级预防、干预和矫治。

开展预防未成年人犯罪工作，应当遵循未成年人成长规律，尊重未成年人人格尊严，保护未成年人的名誉权、隐私权和个人信息等合法权益。

第四条 预防未成年人犯罪，在党委领导、政府组织下，实行综合治理。

国家机关、人民团体、社会组织、企业事业单位、居（村）民委员会、学校、家庭等应当各负其责、相互配合，共同做好预防未成年人犯罪工作，消除滋生未成年人违法犯罪行为的消极因素，为未成年人健康成长创造良好的社会环境。

第五条 地方各级人民政府应当履行下列职责：

（一）制定预防未成年人犯罪工作规划和年度实施计划；

（二）组织开展预防未成年人犯罪工作；

（三）为预防未成年人犯罪工作提供政策支持；

（四）为预防未成年人犯罪工作提供财政保障，将相关经费纳入本级财政预算；

（五）对预防未成年人犯罪工作进行督查考核；

（六）其他预防未成年人犯罪工作职责。

公安、教育、民政、司法行政、人力资源社会保障、文化和旅游、卫生健康、市场监督管理、网信、新闻出版、电影、广播电视、通信管理等有关部门，人民检察院、人民法院，按照各自职责做好预防未成年人犯罪工作。

居（村）民委员会在乡镇人民政府（街道办事处）指导下，做好预防未成年人犯罪有关工作。

第六条 共产主义青年团、妇女联合会、工会、残疾人联合会、关心下一代工作委员会、青年联合会、学生联合会、少年先锋队以及有关社会组织，应当协助地方各级人民政府及有关部门、人民检察院和人民法院做好预防未成年人犯罪工作。

第七条 省、设区的市、县（市、区）应当建立健全预防未成年人犯罪工作推进机制，明确有关部门和单位预防未成年人犯罪工作职责，加强对预防未成年人犯罪工作的统筹协调，及时解决预防未成年人犯罪工作中的重大问题。

第八条 本省与长江三角洲区域其他省市共同建立健全预防未成年人犯罪工作合作机制，加强预防未成年人犯罪工作的信息共享、经验交流与联动协作。

第九条 对在预防未成年人犯罪工作中有显著成绩的组织和个人，按照国家和省有关规定给予表彰、奖励。

第二章 教　　育

第十条 预防未成年人犯罪应当根据未成年人不同年龄的生理、心理特点，对未成年人加强社会主义核心价值观教育，开展道德教育、法治教育、心理健康教育、生理教育、生命教育等教育，培养未成年人良好的道德品质和文明行为习惯，帮助未成年人树立遵纪守法和防范违法犯罪的意识、提高自我管控能力。

第十一条 父母或者其他监护人对未成年人的预防犯罪教育负有直接责任，应当依法履行监护职责，树立优良家风，实施科学家教，培养未成年人良好品行；发现未成年人心理或者行为异常的，应当及时了解情况并进行教育、引导和劝诫，根据需要送其就医，不得拒绝或者怠于履行监护职责。

父母分居或者离异的，应当相互配合，做好对未成年子女的教育工作，任何一方不得拒绝履行教育未成年子女、预防未成年子女违法犯罪的职责。

依法受委托寄养未成年人的家庭，应当根据寄养协议，承担教育被寄养未成年人、预防其违法犯罪的职责。

第十二条 教育部门、学校应当将预防未成年人犯罪教育纳入学校教学计划，配备从事法治教育的专职或者兼职教师，开展有针对性的预防犯罪教育。教育部门应当将预防犯罪教育的工作效果纳入学校年度考核内容。

第十三条 学校应当按照国家有关规定，从公安机关、人民检察院、人民法院、司法行政部门聘任法治副校长，根据需要从其他执法机关、法学教育和法律服务机构聘任校外法治辅导员，协助学校开展法治教育、学生保护、预防犯罪、安全管理、依法治理等工作。

法治副校长、校外法治辅导员应当参与制定学校法治教育工作计划，承担或者组织落实法治教育任务，指导、协助学校开展预防未成年人犯罪工作，协助学校、公安机关等部门依法对有不良行为、严重不良行为的学生予以训诫或者矫治教育。

第十四条 学校应当配备专职或者兼职的心理健康教育教师，开设心理健康课程，对未成年学生进行心理健康教育与辅导。

学校应当设立心理辅导场所，根据实际情况与专业心理健康机构合作，为未成年学生提供心理健康筛查、咨询辅导与早期干预服务，预防和处理学生心理、行为异常问题。

第十五条 学校应当教育、引导未成年学生建立平等、友善、互助的同学关系，组织教职工学习预防、处理学生欺凌的相关政策、措施和方法，对学生开展有针对性的预防欺凌专题教育，并根据情况给予相关学生家长必要的家庭教育指导。

第十六条 学校、父母或者其他监护人应当对未成年人加强网络素养方面的教育，指导未成年人正确使用互联网，培养未成年人获取、分析、判断、选择网络信息的意识和能力，预防和干预未成年人沉迷网络。

第十七条 教育部门应当会同司法行政部门、共产主义青年团等制定未成年人法治教育工作规划，实施未成年人法治教育评价，指导学校开展校园普法教育。

设区的市、县（市、区）应当根据需要建设综合性的青少年法治教育实践基地，在政府有关部门、人民检察院、人民法院或者有关组织、学校建立专项的法治教育场所，对未成年人开展法治宣传教育。

地方各级人民政府及有关部门、人民检察院、人民法院、共产主义青年团、妇女联合会、残疾人联合会、关心下一代工作委员会、少年先锋队等，应当深入学校、社区开展多种形式的法治宣传教育活动，为学校、社区提供相应的法治教育资源。

第十八条 公安机关应当会同有关部门建立学校、家庭和社区的毒品预防教育衔接机制，针对未成年人身心特点开展多种形式的未成年人禁毒知识宣传和毒品预防教育，提高未成年人自觉抵制毒品的能力。

第三章 干预与矫治

第十九条 未成年人不良行为，是指未成年人实施的不利于其健康成长的下列行为：

（一）吸烟（含电子烟）、饮酒；

（二）滥用成瘾性药物；

（三）多次旷课、逃学；

（四）无故夜不归宿、离家出走；

（五）沉迷网络；

（六）与社会上具有不良习性的人交往，组织或者参加实施不良行为的团伙；

（七）进入法律法规规定未成年人不宜进入的场所；

（八）参与赌博、变相赌博，或者参加封建迷信、邪教等活动；

（九）阅览、观看或者收听宣扬淫秽、色情、暴力、邪教、恐怖、极端等内容的读物、音像制品或者网络信息等；

（十）其他不利于未成年人身心健康成长的不良行为。

第二十条 父母或者其他监护人发现未成年人有不良行为的，应当及时制止、批评管教。

父母或者其他监护人在干预未成年人不良行为时遇到困难的，可以向有关国家机关、人民团体、学校、居（村）民委员会或者有关社会组织等寻求帮助。

第二十一条 有关社会组织、公民发现未成年人有不良行为的，可以予以劝阻、教育，告知其父母或者其他监护人，并可以向公安机关、居（村）民委员会报告。

公安机关、居（村）民委员会发现本辖区内未成年人有不良行为的，应当及时制止，并督促其父母或者其他监护人依法履行监护职责。

第二十二条 学校发现未成年学生有不良行为的，应当及时制止和纠正，加强管理教育，并可以依法予以教育惩戒；对拒不改正或者情节严重的，学校应当采取训导、专题教育、心理辅导与行为干预等管理教育措施，并可以根据情况予以纪律处分。

对有不良行为的未成年学生，学校应当与其父母或者其他监护人沟通联系，共同对其进行有针对性的教育、疏导和帮助。

未成年学生有偷窃少量财物，或者有殴打、辱骂、恐吓、强行索要财物等欺凌行为，情节轻微的，由学校按照本条规定采取相应的管理教育措施。

第二十三条 未成年人严重不良行为，是指未成年人实施的有刑法规定、因不满法定刑事责任年龄不予刑事处罚的行为，以及严重危害社会的下列行为：

（一）结伙斗殴，追逐、拦截他人，强拿硬要或者任意损毁、占用公私财物等寻衅滋事行为；

（二）非法携带枪支、弹药或者弩、匕首等国家规定的管制器具；

（三）殴打、辱骂、恐吓他人，或者故意伤害他人身体；

（四）盗窃、诈骗、敲诈勒索，哄抢、抢夺或者故意损毁公私财物；

（五）传播淫秽的读物、音像制品或者信息等；

（六）卖淫、嫖娼，或者进行淫秽表演；

（七）猥亵他人；

（八）吸食、注射毒品，或者向他人提供毒品；

（九）参与赌博赌资较大；

（十）其他严重危害社会的行为。

第二十四条 父母或者其他监护人、学校、居（村）民委员会发现有人教唆、胁迫、引诱未成年人实施严重不良行为的，应当立即向公安机关报告。公安机关接到报告或者发现有上述情形的，应当及时依法查处。

第二十五条 父母或者其他监护人发现未成年人有严重不良行为的，应当及时制止，消除或者减轻违法后果，并采取措施严加管教。

学校发现未成年学生有严重不良行为的，应当及时制止，并向公安机关报告。对涉及违反治安管理或者涉嫌犯罪的欺凌行为，应当及时向公安机关、教育部门报告，并配合相关部门依法处理。

有关社会组织、公民发现未成年人有严重不良行为的，有权予以制止，并向公安机关举报。

第二十六条 公安机关接到报告、举报或者发现未成年人有严重不良行为的，应当及时制止，依法调查处理，并可以责令其父母或者其他监护人消除或者减轻违法后果，采取措施严加管教。

对有严重不良行为的未成年人，公安机关可以根据具体情况，依法采取下列矫治教育措施：

（一）予以训诫；

（二）责令赔礼道歉、赔偿损失；

（三）责令具结悔过；

（四）责令定期报告活动情况；

（五）责令遵守特定的行为规范，不得实施特定行为、接触特定人员或者进入特定场所；

（六）责令接受心理辅导、行为矫治；

（七）责令参加社会服务活动；

（八）责令接受社会观护；

（九）其他适当的矫治教育措施。

未成年人的父母或者其他监护人应当配合矫治教育措施的实施，不得妨碍阻挠或者放任不管。

第二十七条 对有严重不良行为的未成年人，父母或者其他监护人、所在学校无力管教或者管教无效的，可以向教育部门提出申请，经专门教育指导委员会评估同意，由教育部门决定送入专门学校接受专门教育。

第二十八条 未成年人有下列情形之一的，经专门教育指导委员会评估同意，教育部门会同公安机关可以决定将其送入专门学校接受专门教育：

（一）实施严重危害社会的行为，情节恶劣或者造成严重后果；

（二）多次实施严重危害社会的行为；

（三）拒不接受或者配合公安机关依法采取的矫治教育措施；

（四）法律、行政法规规定的其他情形。

第二十九条 未成年人实施刑法规定的行为、因不满法定刑事责任年龄不予刑事处罚的，经专门教育指导委员会评估同意，教育部门会同公安机关可以决定对其进行专门矫治教育。

第四章　预防重新犯罪

第三十条　公安机关、人民检察院、人民法院办理未成年人刑事案件，应当根据未成年人的身心特点，结合其平常表现、家庭情况、犯罪原因、悔罪态度等开展矫治教育与身心修复，预防未成年人重新犯罪。

第三十一条　公安机关、人民检察院、人民法院办理未成年人刑事案件，应当要求其法定代理人配合做好教育等工作。法定代理人以外的成年亲属或者教师、辅导员等参与有利于感化、挽救未成年人的，公安机关、人民检察院、人民法院应当邀请其参加有关活动。

第三十二条　公安机关、人民检察院、人民法院办理未成年人刑事案件，可以依法进行社会调查，并可以依法对未成年犯罪嫌疑人、被告人进行心理测评。

社会调查和心理测评的报告可以作为办理案件和教育未成年人的参考。

第三十三条　对未成年社区矫正对象，社区矫正机构应当根据其年龄、心理特点、身心发育需要、成长经历、犯罪原因和家庭监护教育条件等情况，采取有针对性的矫正措施。对未成年人的矫正教育与成年对象分开进行。

年满十六周岁的社区矫正对象有就业意愿的，社区矫正机构可以协调有关部门和单位为其提供职业技能培训，给予就业指导和帮助。

第三十四条　未成年犯管教所、社区矫正机构应当对未成年犯、未成年社区矫正对象开展思想、法律、文化教育，根据实际情况开展职业技术教育，保证学习时间，并积极开展法律援助和心理矫治，预防其重新犯罪。

未成年人因被拘留、逮捕以及在未成年犯管教所执行刑罚而未完成义务教育的，公安机关、司法行政部门和教育部门应当从场地、师资、经费等方面提供保障，保证其继续接受义务教育。

对未完成义务教育的未成年社区矫正对象，社区矫正机构应当通知并配合教育部门为其完成义务教育提供条件。未成年社区矫正对象的监护人应当依法保证其按时入学接受并完成义务教育。

第三十五条 对正在未成年犯管教所服刑的未成年人，其父母或者其他监护人应当主动探视，配合执行机关对其进行改造。父母或者其他监护人拒不探视或者不配合改造的，所在单位、乡镇人民政府（街道办事处）、居（村）民委员会应当批评教育，要求其改正。

第三十六条 对刑满释放的未成年人，未成年犯管教所应当提前通知其父母或者其他监护人按时将其接回，并协助落实安置帮教措施或者其他后续措施；没有父母或者其他监护人、无法查明其父母或者其他监护人的，原执行机关应当提前通知未成年人原户籍所在地或者居住地的司法行政部门组织相关人员按时将其接回，所在地人民政府和有关部门、居（村）民委员会应当对其妥善安置。

第三十七条 社区矫正机构应当告知未成年社区矫正对象及其父母或者其他监护人安置帮教的有关规定。

未成年人的父母或者其他监护人和学校、居（村）民委员会对接受社区矫正、刑满释放的未成年人，应当采取有效的帮教措施，协助司法机关以及有关部门做好安置帮教工作。

第三十八条 公安机关、人民检察院、人民法院和司法行政部门应当采取有效措施落实未成年人犯罪记录封存的法律规定，防止应当封存的未成年人犯罪记录不当泄露。

未成年人接受专门教育、专门矫治教育的记录，以及被行政处罚、采取刑事强制措施和不起诉的记录，适用前款规定。

第五章　支持与保障

第三十九条　省人民政府应当将专门教育发展和专门学校建设纳入经济社会发展规划，统筹专门学校规划和建设。设区的市人民政府根据国家和省有关规定设置专门学校，完善专门学校的经费、人员、教育场所和设施等方面的保障制度。

教育部门、公安机关应当按照各自职责做好专门学校教育管理、师资配备以及学校管理、矫治教育等工作，其他部门和单位协同做好相关工作。

实施专门矫治教育的专门学校，或者在专门学校内设置的实施专门矫治教育的专门场所，依法实行闭环管理。

第四十条　设区的市、县（市、区）人民政府应当依法成立专门教育指导委员会，负责开展专门学校入校和离校评估，研究确定专门学校教学、管理等相关工作。

第四十一条　本省依托大数据资源平台建立安全、规范的预防未成年人犯罪信息管理系统，对预防未成年人犯罪相关信息依法实现数据共享、分析、研判与应用。

第四十二条　本省加强青少年服务台建设，发挥其在预防未成年人犯罪工作中的作用。

青少年服务台应当建立工作流程、完善服务功能，为未成年人提供心理咨询、法律援助等社会工作服务；发现可能存在犯罪行为或者未成年人遭受不法侵害的，应当立即向公安机关报告。

第四十三条　设区的市、县（市、区）可以依托符合观护条件的社会组织、有关机构建立未成年人观护教育基地。

观护教育基地可以根据公安机关、人民检察院、人民法院的委托，对依法接受社会观护的未成年人进行教育、监督和管束。

支持和鼓励社会组织、有关机构参与观护教育工作。

第四十四条 地方各级人民政府应当将预防未成年人犯罪工作项目纳入政府购买公共服务目录，鼓励、支持和指导社会工作服务机构、志愿服务组织等社会组织以及社会工作者、志愿者参与预防未成年人犯罪工作。

第四十五条 学校可以聘请社会工作服务机构和社会工作者进驻学校，参与预防未成年人犯罪相关工作。

第四十六条 本省培育从事预防未成年人犯罪工作的社会工作服务机构。

社会工作服务机构向未成年人及其父母或者其他监护人提供社会工作专业服务，开展预防犯罪的宣传教育、家庭教育指导、心理辅导和未成年人司法社会服务等工作。

社会工作服务机构应当加强专业能力建设，开展专业服务，提高服务质量。社会工作服务机构及其工作人员对服务过程中知悉的未成年人相关信息，应当予以保密。

社会工作服务机构应当建立信用承诺制度，接受审计监督、社会监督和舆论监督。

第四十七条 社会工作服务机构可以为实施严重不良行为的未成年人、未成年犯罪嫌疑人、未成年被告人、未成年罪犯、未成年被害人提供下列司法社会服务：

（一）附条件不起诉考察帮教、社会调查、合适成年人到场、心理辅导、法庭教育、社会观护、行为矫治、被害人救助等；

（二）拘留所、看守所、未成年犯管教所、戒毒所等场所的矫治教育；

（三）其他必要的未成年人司法社会服务。

第四十八条 社会工作、公安、司法行政、人力资源社会保障等有关部门，人民检察院、人民法院，以及共产主义青年团、妇女联合会等人民团体，应当根据预防未成年人犯罪工作需要，加强未成年人社会工作专业人才培养和志愿者队伍建设，为涉及未成年人的警务、检察、审判、执行等工作提供社会支持。

第四十九条　公安机关、人民检察院、人民法院在办理案件时，发现相关主管部门预防未成年人犯罪工作存在问题的，可以书面向相关主管部门提出意见建议。相关主管部门应当及时处理并书面反馈。

人民检察院依法行使检察权，对预防未成年人犯罪工作进行监督。

第六章　法律责任

第五十条　学校违反本条例规定，不履行预防未成年人犯罪工作职责的，由教育等部门责令改正，通报批评；情节严重的，对直接负责的主管人员和其他直接责任人员依法给予处分。

第五十一条　公安机关、人民检察院、人民法院在办理案件过程中发现实施严重不良行为的未成年人的父母或者其他监护人不依法履行监护职责的，应当予以训诫，并可以责令其接受家庭教育指导。

第五十二条　国家机关及其工作人员在预防未成年人犯罪工作中滥用职权、玩忽职守、徇私舞弊的，对直接负责的主管人员和其他直接责任人员依法给予处分；构成犯罪的，依法追究刑事责任。

第七章　附　　则

第五十三条　本条例自2024年9月1日起施行。

指导案例、典型案例与解读

依法惩治跨境电信网络诈骗及其关联犯罪典型案例

（2024 年 7 月 26 日最高人民法院发布）

目　录

案例一

梁某等人跨境电信网络诈骗案

【基本案情】

2020 年 2 月至 9 月，梁某伙同何某华（另案处理）等人，在缅甸木姐地区设立诈骗窝点，招揽电信网络诈骗等犯罪团伙入驻，对各犯罪团伙进行管理，向犯罪团伙收取房租、水、电等“物业”费用，提供公民个人信息、短信群发技术设备，并帮助联系“洗钱”团伙，以此获取巨额非法利益。其间，王某（另案处理）带领诈骗团队进入梁某管理的诈骗窝点，指使黄某某（另案处理）等人搭建虚假的“安逸花”贷款 App 平台服务器，林某使用短信群发技术将含有虚假“安逸花”贷款 App 链接的短信向国内电信用户大量发送。李某雨、王某辉等人在王某等人的组织安排下，通过“QQ”语音电话和国内被害人联系，冒充贷款平台客服人员骗取被害人信任，以办理贷款名义诱导被害人交纳认证金、解冻费，骗取被害人资金。经查，该诈骗集团采用上述手法共计诈骗 1400 余名被害人人民币近 6000 万元。

另查明，梁某、王某等人通过“泰达币”交易进行“洗钱”，将诈骗赃款转移至国内，梁某富、王某林等人事先与梁某、王某等人通谋，明知系电信网络诈骗犯罪所得而通过转账、收取现金等方式帮助转移。梁某洪、王某洪、桂某等人作为梁某、王某、何某华亲属，明知相关人员转送的现金等财物系电信诈骗犯罪所得而予以接收、藏匿。案发后，公安机关共查扣现金、黄金、基金等财物折合人民币近 6000 万元。

2020 年 9 月中旬，梁某等三人结伙，与缅北地区偷渡团伙“蛇头”联系，通过缅甸村寨接抵的边境地区，经隐蔽路线偷越国（边）境进入云南瑞丽。

【诉讼过程】

2020 年 8 月 14 日，山西省太原市公安局晋源分局对本案立案侦查。2021 年 3 月 17 日，太原市公安局晋源分局将梁某等人移送晋源区人民检察院审查起诉，晋源区人民检察院将该案报送至太原市人民检察院。2021 年 7 月 13 日，太原市人民检察院对梁某等 23 人以诈骗罪、偷越国（边）境罪、掩饰、隐瞒犯罪所得、犯罪所得收益罪提起公诉。

2021 年 12 月 15 日，太原市中级人民法院经依法审理，以诈骗罪、偷越国（边）境罪判处首要分子梁某无期徒刑，剥夺政治权利终身，并处没收个人全部财产；以诈骗罪判处林某、梁某富、王某林等 8 名犯罪集团骨干成员十四年五个月至十一年不等的有期徒刑，并处人民币一百零五万元至三十万元不等的罚金；以诈骗罪判处李某雨、王某辉等 7 名一般参加者七年四个月至一年九个月不等的有期徒刑，并处人民币十一万元至一万三千元不等的罚金；以掩饰、隐瞒犯罪所得、犯罪所得收益罪判处梁某洪、王某洪、桂某等 7 名境内转移诈骗犯罪所得及收益人员六年三个月至三年不等的有期徒刑，并处人民币五十万元至十万元不等的罚金；依法及时返还被害人损失。部分被告人上诉后，二审维持原判。

【典型意义】

1. 依法从重打击跨境电信网络诈骗犯罪集团及其首要分子、幕后“金主”。近年来，境外电诈组织呈现出新形态，犯罪分子在境外设立诈骗窝点，表面上不直接实施诈骗，但通过招募诈骗团伙或人员，为诈骗团伙提供犯罪场所、条件保障、武装庇护、人员管理等服务，对犯罪团伙及成员实施管理控制，逐步形成较稳定的大型犯罪集团，并通过抽成分红或者收取相关费用等方式巨额敛财，大肆实施诈骗活动，严重侵犯人民群众生命财产安全，社会危害极大。对跨境电信网络诈骗集团及其首要分子、幕后“金主”，要用足、用好法律武器，持续保持高压严惩态势，形成有力震慑。既要依法从严适用自由刑，彰显“零容忍”立场，又要加大财产刑适用力度，最大限度剥夺其再犯能力。对于诈骗数额特别巨大、犯罪情节特别严重的，依法“顶格”判处无期徒刑，并处没收个人全部财产。

2. 依法严惩为跨境电信网络诈骗犯罪提供境内资产转移帮助的人员，最大范围查扣犯罪分子诈骗所得及转化收益。办案机关应当全力查清犯罪集团的财产状况及犯罪所得资金流向，及时准确查封、扣押、冻结相关资产，最大限度追赃挽损。对于境内协助转移、窝藏犯罪所得及转化收益的人员，应当结合其主观明知情况、参与犯罪程度，以诈骗罪共犯或掩饰、隐瞒犯罪所得、犯罪所得收益罪依法追究其刑事责任。

案例二

葛某等人跨境电信网络诈骗案

【基本案情】

2019 年至 2020 年间，以赵某、张某（均另案处理）等人为首的诈骗犯罪集团，在国内招募 400 余人赴柬埔寨实施诈骗。葛某作为犯罪集团的“团队老板”（属犯罪集团中第二层级），出资并招募大量人员组成业务团队，刘某、李某等人担任“团队长”等职务，组织、指挥业务员实施诈骗。诈骗集团以小组为单位，在小组微信群内实施“多对一”精准诈骗。业务员使用该集团统一发放的手机和微信号组建微信群，再由引流团队以免费授课、推荐股票等虚假宣传诱骗被害人入群，继而由业务团队通过控制的多个微信号在微信群分别扮演“讲师”“群内助理”“普通股民”等角色，由“讲师”进行“炒股授课”，“普通股民”按照话术发言、发截图，鼓吹“讲师”炒股水平，诱导被害人到该集团控制的虚假股票投资平台投资炒股。被害人投入钱款后，该集团通过后台控制涨跌，让被害人误以为“投资”升值并可随时提现，进而加大投入，后该集团通过限制提现、关闭平台等方式将被害人钱款占为己有。经查，该犯罪集团骗取500余名被害人共计人民币1.5亿余元。

【诉讼过程】

本案系最高人民检察院、公安部联合挂牌督办的特大跨境电信网络诈骗案。2020年12月30日，浙江省金华市公安局对本案立案侦查。2021年7月至2023年11月，金华市公安机关以葛某等人涉嫌诈骗罪向金华市检察机关移送审查起诉。金华市两级检察机关于2021年10月至2024年3月以葛某等人涉嫌诈骗罪分别提起公诉。

2021年12月至2024年5月，金华市两级法院以诈骗罪判处“团队老板”葛某无期徒刑，剥夺政治权利终身，并处没收个人全部财产；判处“团队长”刘某、李某等10人十四年至十年三个月不等的有期徒刑，并处罚金；另有团队总监、团队经理、组长、业务员379人被判处三年以上有期徒刑，并处罚金。部分被告人上诉后，二审维持原判。

【典型意义】

依法严惩跨境电信网络诈骗犯罪集团的骨干成员和积极参加者。近年来，跨境电信网络诈骗犯罪集团呈现规模化、集团化等新特点，部分犯罪分子受到境外犯罪集团招募，出境赴电诈窝点，在犯罪集团管理和庇护下，组建电诈集团，大肆实施诈骗活动，严重侵害人民群众财产权益，社会危害性极大。对犯罪集团首要分子以外的对集团犯罪起关键作用，诈骗数额特别巨大的其他主犯、骨干成员、积极参加者，应当依法从严惩处。诈骗数额特别巨大、情节特别严重的，可以依法判处无期徒刑，并处没收个人全部财产。

案例三

李某某等人跨境电信网络诈骗案

【基本案情】

2018 年，李某某偷渡出境至缅甸承租场地用于实施电信网络诈骗，并伙同“洗钱”团伙转移诈骗赃款。2019 年下半年，李某某出资将缅甸南邓胶林宾馆改造成集诈骗工作室、通讯网络连接、安保食宿为一体的诈骗窝点，招募饶某某等 1000 余名诈骗人员在窝点实施电信网络诈骗，逐渐发展形成以李某某为首要分子，廖某某、林某某等人为骨干成员的电信网络诈骗犯罪集团。该犯罪集团以“杀猪盘”、虚假投资理财、虚假刷单等方式对我国境内公民实施电信网络诈骗，共计诈骗 700 余名被害人人民币 9800 余万元。

李某某还将胶林宾馆部分场地出租给其他诈骗团伙，提供生活食宿、安全保障、技术支持等服务，并成立“卡部”帮助转移诈骗犯罪所得。以李某某为首的犯罪集团累计收取其他诈骗团伙租金人民币 3000 万余元。

【诉讼过程】

本案为最高人民检察院、公安部联合挂牌督办的特大跨境电信网络诈骗案。2021年6月至2021年9月，福建省龙岩市公安机关陆续对李某某等人跨境电信网络诈骗系列案立案侦查。2022年2月至2024年3月，龙岩市公安机关以李某某、廖某某、林某某等122人涉嫌诈骗罪、组织他人偷越国（边）境罪、偷越国（边）境罪等移送龙岩市检察机关审查起诉。2022年3月至2024年4月，龙岩市检察机关先后以李某某、廖某某、林某某等122人犯诈骗罪，组织他人偷越国（边）境罪，偷越国（边）境罪，掩饰、隐瞒犯罪所得罪，帮助信息网络犯罪活动罪等提起公诉，并对李某某等"金主"、骨干成员提出从严惩处的量刑建议。对于在胶林宾馆"卡部"内帮助转移诈骗犯罪所得收益的傅某某等10余名被告人，检察机关以诈骗罪、偷越国（边）境罪等提起公诉。

2022年4月至2024年5月，龙岩市审判机关经依法审理，对犯罪集团"金主"李某某以诈骗罪、组织他人偷越国（边）境罪等判处有期徒刑十八年，并处人民币八百五十五万元的罚金；对廖某某、林某某等9名骨干成员判处八年八个月至三年二个月不等的有期徒刑，并处人民币五百一十三万元至十万元不等的罚金；对饶某某等112名一般参与人员以诈骗罪，偷越国（边）境罪，掩饰、隐瞒犯罪所得罪，帮助信息网络犯罪活动罪等判处七年至七个月不等的有期徒刑，并处人民币五百五十万元至五千元不等的罚金。对在胶林宾馆"卡部"实施犯罪的傅某某等10余名被告人以诈骗罪、偷越国（边）境罪判处七年至三年六个月不等的有期徒刑，并处人民币六十万元至五万元不等的罚金。

司法机关协同配合，坚持将追赃挽损贯穿刑事诉讼全过程。公安机关扣押涉案现金及大量房、车、黄金、名贵表、虚拟货币等价值人民币近2亿元；检察机关督促各被告人退赃退赔人民币362万余元；审判机关加大罚金刑适用力度，已判决案件适用罚金刑总额达人民币5167万余元。对于被告人诈骗所得财物，依法判决返还被害人。

【典型意义】

依法从严认定跨境电信网络诈骗集团犯罪数额，加大涉案财物追缴和财产刑适用力度，坚决“打财断血”。有的犯罪分子既自行组建电诈团伙实施诈骗，又向其他电诈团伙提供犯罪场地、通讯网络、安保食宿等服务保障。对此，要依法从严认定诈骗金额，既应包括本团伙的诈骗金额，也应包括其提供服务保障的其他诈骗团伙诈骗金额。其他诈骗团伙的诈骗金额难以具体查证的，可以根据该犯罪团伙从其服务保障的犯罪团伙抽成分红或者收取费用的数额和方式折算；无法折算的，抽成分红或者收取费用的数额可以认定为犯罪数额。要加大追赃挽损力度，依法及时甄别财产性质，准确查封、扣押、冻结涉案财产，特别是隐蔽资产。对电信网络诈骗资金已通过消费等转化为房、车、黄金、名贵表、虚拟货币的，应注意审查甄别购买上述资产的资金来源，防止犯罪分子通过消费等方式“洗白”犯罪所得。办案机关要充分运用宽严相济刑事政策引导在案人员主动退赃退赔，全力挽回被害人损失。依法加大财产刑适用力度，真正实现“打财断血”，合力斩断跨境电信网络诈骗犯罪资金转移链条，铲除电诈犯罪赖以滋生蔓延的经济土壤。

案例四

曾某某、郭某某等人跨境电信网络诈骗案

【基本案情】

2020 年 4 月至 9 月，曾某某、郭某某为实施跨境电信网络诈骗，安排周某某先行偷渡到缅甸木姐寻找诈骗窝点，后雇用李某等人为诈骗业

务小组组长，纠集50余人先后偷渡至缅甸木姐诈骗窝点，逐渐形成以曾某某、郭某某为首要分子，周某某等人为骨干成员，李某、贺某等人为积极参加者，李某强、毛某志等其余业务员为一般成员的诈骗犯罪集团。该诈骗犯罪集团利用手机微信添加境内被害人为好友，以虚构人设聊天养号，培养感情，后向被害人介绍虚假投资平台“星汇”App，以高额返利引诱被害人投资，博得被害人信任，从而诱骗被害人加大投资金额，后通过将平台关闭等方式将被害人钱款占为己有，共计诈骗人民币1500余万元。2020年5月，毛某志等部分一般成员离开该窝点回国，未再从事电信网络诈骗。

2020年11月至2021年3月，李某伙同毛某纠集20余人偷越国境至缅甸木姐进行诈骗活动，并逐渐形成以李某、毛某为首要分子的电信诈骗犯罪集团。该犯罪集团采用相同诈骗手法，诈骗境内被害人100余名，诈骗金额共计人民币200余万元。

【诉讼过程】

本案系最高人民检察院、公安部联合挂牌督办的特大跨境电信网络诈骗案。2021年8月7日，湖南省涟源市公安局对本案立案侦查。2022年5月16日，涟源市公安局将曾某某、郭某某等24人移送涟源市人民检察院审查起诉。2022年6月16日，涟源市人民检察院以诈骗罪、组织他人偷越国（边）境罪、偷越国（边）境罪等对曾某某、郭某某等人提起公诉，并对曾某某、郭某某、李某、毛某等人提出依法从严惩处的量刑建议。对于毛某志等偷越国（边）境至诈骗窝点，前期在诈骗窝点实施聊天养号等行为，后离开诈骗窝点的人员，以诈骗罪、偷越国（边）境罪提起公诉。

2023年3月17日，涟源市人民法院经依法审理，以诈骗罪、组织他人偷越国（边）境罪判处犯罪集团首要分子曾某某、郭某某、李某、毛某十八年六个月至十四年十个月不等的有期徒刑，并处人民币六十万元至四十万不等的罚金；以诈骗罪、组织他人偷越国（边）境罪、偷越国（边）境罪判处犯罪集团骨干成员、积极参加者周某某、贺某等人十三年至十年六个月不等的有期徒刑，并处人民币三十万元至二十一万元不等的罚金；以诈骗罪、偷越国（边）境罪判处李某强、毛某志等 17 名一般参加者八年三个月至一年二个月不等的有期徒刑，并处人民币七万元至二万五千元不等的罚金。部分被告人上诉后，二审维持原判。

【典型意义】

依法严惩赴境外窝点实施诈骗的犯罪分子。随着国内电信网络诈骗犯罪打击力度加大，境内大批诈骗窝点向境外转移。部分境内人员在“高薪报酬”诱惑下，赴境外窝点实施电信网络诈骗犯罪，对此应予依法严惩。鉴于电信网络诈骗犯罪链条长、环节多，各行为人分工配合完成犯罪，故行为人辩称其仅实施广告推广、聊天引流等行为，未直接实施诈骗行为的，不影响诈骗罪的认定。有的行为人参加境外诈骗团伙，后离开诈骗窝点的，行为人应当对其参与实施犯罪期间犯罪集团犯罪数额承担刑事责任。对在案证据无法查明行为人具体诈骗数额，亦无法查明其参与犯罪期间诈骗集团诈骗数额，但行为人一年内出境赴境外犯罪窝点累计时间达到 30 日以上或者多次出境赴境外犯罪窝点的，可依法以诈骗罪追究其刑事责任。

案例五

刘某某等人跨境电信网络诈骗案

【基本案情】

2019年7月至2021年5月，江某某（另案处理）为牟取非法利益，先后在缅甸孟波、柬埔寨马德旺及金边、菲律宾马尼拉、湖南省汨罗市等地出资租赁场所、招募人员利用虚假投资平台实施电信网络诈骗。该诈骗团伙下设团队长、组长、业务员等层级，并有专门后勤安保人员，诈骗分期进行，每期约为2个月。现已查明，该犯罪团伙9名团队长先后组织212人参与诈骗，每名团队长组织诈骗1期至6期不等。其中，刘某某、张某某等9人为团队长，负责对团队成员分组、任命组长，安排具体工作、统计业绩并分配犯罪所得，对接后勤保障等，按照团队诈骗金额1%提成，涉及被害人3800余名，诈骗金额合计人民币2.7亿余元。文某某、钟某某等13人为组长，负责提供话术，管理、指导业务员实施诈骗，按照本组诈骗金额2%提成；李某某、王某某等192人为业务员，负责在微信交流群、直播间等平台讲解股票、虚拟币等知识，诱导被害人至虚假的MT4、中原证券等平台投资股票、虚拟币等，并采取控制平台涨幅给予小额提现的方式不断诱骗被害人投资以骗取钱财，按照本组诈骗金额1%至10%提成；邢某某、梁某某等后勤安保人员7人，负责维护诈骗场所秩序、接送业务员、保障食宿、采买家具、电脑、电话卡，维护网络和电脑等。

【诉讼过程】

本案系公安部、最高人民检察院联合挂牌督办的特大跨境电信网络诈骗犯罪案。2020 年 11 月 4 日，重庆市公安局巴南区分局立案侦查。2022 年 7 月至 2024 年 1 月，巴南区分局陆续以刘某某等人涉嫌诈骗、偷越国（边）境等罪名向巴南区人民检察院移送审查起诉。2022 年 6 月至 2024 年 2 月，巴南区人民检察院将刘某某等人以涉嫌诈骗、组织他人偷越国（边）境、偷越国（边）境等罪名提起公诉，并对刘某某、张某某等犯罪集团骨干成员提出从严惩处的量刑建议。

2022 年 7 月至 2024 年 3 月，巴南区人民法院经依法审理，以诈骗罪判处团队长刘某某、张某某等人十三年至十年不等的有期徒刑，并处人民币四十八万元至三十万元不等的罚金；以诈骗罪、组织他人偷越国（边）境罪等判处组长文某某、钟某某等人八年至七年不等的有期徒刑，分别并处罚金人民币七万余元；以诈骗罪、偷越国（边）境罪判处业务员李某某、王某某等人四年至二年不等的有期徒刑，并处人民币四万元至二万元不等的罚金；以诈骗罪判处后勤安保人员邢某某、梁某某等人三年六个月至二年九个月不等的有期徒刑，并处人民币三万六千元至二万八千五百元不等的罚金。

办案机关协同配合，查明在逃的江某某系犯罪团伙“金主”，以及江某某采取购买虚拟币、黄金、他人代持股份、基金等方式将诈骗资金“合法化”的事实，遂依法及时冻结、追缴涉诈资金、扣押涉案财物价值人民币 1. 35 亿余元。部分被告人上诉后，二审维持原判。

【典型意义】

依法准确惩治在境外电诈窝点从事服务工作的犯罪分子。随着境外电诈犯罪集团逐渐规模化、公司化、园区化，参与实施诈骗人员不断增多，在诈骗窝点中从事秩序管理、技术保障、生活服务等人员也随之增多，为犯罪集团日常运转、实施诈骗活动提供重要支撑，其行为同样具有社会危害性。对于从事服务保障工作的人员，要准确甄别、区别对待，该严则严、当宽则宽。对跨境电信网络诈骗窝点中提供餐饮住宿、保安物业、技术保障等服务的人员，在案证据能够证明其主观明知系为诈骗窝点提供服务，仍在较长时间内持续提供生活服务、技术保障，且提供的服务保障对诈骗犯罪集团组织管理、秩序维护、诈骗实施起到重要支持促进作用的，应当认定为诈骗罪共犯。对进入诈骗犯罪窝点时间短，从事服务性、劳务性工作的厨师、保洁等一般工作人员，未获取明显高于其所从事劳务活动的正常报酬，其行为对实施诈骗所起作用不大的，可以认定为情节显著轻微，危害不大，不认为是犯罪。

案例六

王某等人跨境电信网络诈骗案

【基本案情】

2019年初，王某、谢某、闵某甲、闵某乙、闵某丙、闵某丁在国内共谋，商定合伙在缅北组建电诈窝点，实施电信网络诈骗活动。2019年5月12日，闵某甲指使闵某丙、闵某丁纠集苏某等7人从湖北省武汉市飞至云南省西双版纳，联系“蛇头”偷渡至缅甸勐拉市，在东方侧楼组建电信诈骗犯罪集团。该犯罪集团以“荐股”的方式骗得被害人信任，后将被害人引流至“益群国际”虚假平台炒期货，通过老师号、助理号、水军号等微信号相互配合，共同诱骗被害人在该虚假平台投资，恶意造成被害人在平台账户内的资金持续亏损，最后关闭平台骗取被害人在平台账户内的剩余资金。截至2019年7月下旬，共骗取我国境内18名投资者共计人民币1020余万元。其中，王某、闵某甲系幕后组织者、出资者，负责招募管理人员、技术人员等，组织境内外人员对接实施诈骗活动；谢某、闵某乙在国内成立引流公司，由胡某协助共同寻找股民并引流至虚假投资平台；闵某丙作为后勤主管，负责窝点的后勤保障工作，闵某丁作为技术主管，负责为电信网络诈骗提供技术保障等事宜；另有苏某等 7 人系业务员，负责实施具体诈骗活动。

【诉讼过程】

2019 年 8 月 8 日，江苏省昆山市公安局对本案立案侦查。2019 年 11 月至 2020 年 5 月，公安机关以闵某甲、闵某丙等 10 人涉嫌诈骗罪、组织他人偷越国（边）境罪等移送审查起诉。2020 年 4 月至 2020 年 6 月，昆山市人民检察院经审查后追加认定 7 笔诈骗事实，追加认定诈骗数额人民币 50 余万元，全案犯罪数额追加认定至人民币 1020 余万元，先后以诈骗罪、组织他人偷越国（边）境罪对闵某甲等 10 人提起公诉。2022 年 7 月，昆山市人民检察院经审查认为王某、谢某、闵某乙 3 名诈骗集团幕后“金主”涉嫌犯罪，遂决定追加逮捕。同年 9 月，公安机关以王某、谢某、闵某乙等人涉嫌诈骗罪、偷越国（边）境罪移送审查起诉。同年 9 月，昆山市人民检察院以王某、谢某、闵某乙等人涉嫌诈骗罪、偷越国（边）境罪提起公诉，并对幕后“金主”、骨干成员等提出从严惩处的量刑建议。

2021 年 2 月至 2022 年 12 月，昆山市人民法院经依法审理，先后以诈骗罪、组织他人偷越国（边）境罪判处“金主”闵某甲有期徒刑十四年，并处罚金人民币二十六万元；以诈骗罪、偷越国（边）境罪判处“金主”王某有期徒刑十三年三个月，并处罚金人民币三十一万元；以诈骗罪、组织他人偷越国（边）境罪分别判处后勤主管闵某丙、诈骗窝点技术主管闵某丁有期徒刑十一年，并处罚金人民币二十一万元；以诈骗罪分别判处境内引流人员组织者谢某、闵某乙有期徒刑十年，并处罚金人民币二十万元；以诈骗罪判处境内协助引流人员胡某有期徒刑八年，并处罚金人民币十五万元；以诈骗罪判处境外实施电信网络诈骗行为的苏某等其他 7 名人员七年至五年六个月不等的有期徒刑，并处罚金。现判决已生效。

【典型意义】

深挖彻查跨境电信网络诈骗犯罪，依法追捕追诉幕后“金主”和实际控制人，确保打深打透。跨境电信网络诈骗犯罪呈现产业化、集团化特征，犯罪链条长、层级多，办案人员应注意深挖彻查犯罪，确保打深打透，依法查明犯罪集团的组织架构、犯罪模式、人员情况和地位作用等，充分挖掘上下游犯罪线索，全面查明犯罪事实，发现遗漏犯罪嫌疑人或犯罪事实的，特别是遗漏隐藏幕后的“金主”或实际控制人员的，应当及时追捕追诉，依法从严惩处。

案例七

张某某、黄某某等人诈骗、偷越国（边）境案

【基本案情】

2019 年初至 2021 年 4 月，“陈某”（另案处理）在缅甸掸邦北部果敢自治区（以下简称果敢）老街“酒房”等地设立针对中国境内居民的电信网络诈骗犯罪窝点，以直营和代理的方式组建诈骗团伙，招揽人员冒充贷款公司工作人员通过微信等聊天软件、使用“招联金融”等虚假 App，以办理网络贷款需要缴纳“会员费”“保证金”等为由，骗取中国境内被害人财物。

2019 年 7 月至 2020 年 12 月，张某某、黄某某等 6 人先后偷渡至果敢。其中，张某某、黄某某及宁某某（另案处理）在湖北省天门市

共谋，由张某某先行垫付偷渡费用并联系偷越国（边）境中介，三人在中介安排下共同乘车至云南省保山市并于2020年11月26日登记入住保山市某酒店。后在中介安排下，张某某带领黄某某、宁某某相互配合，共同偷渡至果敢，陆续加入“酒房”诈骗窝点。其中，张某某担任业务组长，负责具体实施诈骗并协助管理组内业务员，黄某某、段某某等5人分别担任业务员、虚假App后台管理员，通过网络实施诈骗。

经查，上述被告人一年内出境赴境外诈骗犯罪窝点累计时间均超过30日。其中，张某某、黄某某超过130日，段某某、凡某甲、苏某某超过90日，凡某乙超过60日。

【诉讼过程】

2021年1月20日，江苏省无锡市公安局新吴分局对本案立案侦查。2023年8月29日，公安机关以张某某、黄某某等6人涉嫌诈骗罪、偷越国（边）境罪移送审查起诉。2023年12月1日，无锡市新吴区人民检察院以张某某、黄某某等3人涉嫌诈骗罪、偷越国（边）境罪，以段某某等3人涉嫌诈骗罪提起公诉。

无锡市新吴区人民法院经依法审理，以诈骗罪、偷越国（边）境罪判处被告人张某某、黄某某等3人一年至六个月不等的有期徒刑，并处人民币五千元至一万元不等的罚金；以诈骗罪判处被告人段某某等3人七个月至六个月不等的有期徒刑，并处人民币四千元至三千元不等的罚金。一审宣判后，各被告人均未提出上诉，判决生效。

【典型意义】

依法严惩偷渡出境从事电信网络诈骗的犯罪分子。境外电信网络诈骗犯罪集团往往打着高薪旗号招募大量人员从事拨打电话、聊天引流等工作，吸引人员前往“淘金”，实则实施诈骗活动。部分境内人员明知境外电诈窝点实施诈骗等犯罪活动，仍贪图“高薪”前往，且为赴境外诈骗窝点、逃避边境检查，采取边境偷渡或虚构事由骗领出入境证件方式偷渡出境，对于此类行为，应当以诈骗罪、偷越国（边）境罪依法严惩，斩断为电诈集团输送电诈人员通道。

案例八

陈某某等人诈骗、偷越国（边）境案

【基本案情】

2018 年至 2022 年间，王某某（另案处理）等人组织、纠集大量国内人员前往菲律宾搭建诈骗窝点，通过控制“UK”“宝彩”等虚假网络赌博平台，以后台控制输赢等方式，针对境内居民实施电信网络诈骗。陈某某、钟某某于 2018 年至 2019 年间，多次出境参加上述犯罪团伙，分别担任“组长”“代理组长”，负责在网络上推广涉诈赌博网站、手机应用程序等，在诈骗窝点累计时间分别达 9 个月、7 个月。另查明，陈某某在第二次出境时，钟某某在第二次、第三次出境时，均以旅游为由申领出入境证件，出境至菲律宾后即前往电信网络诈骗窝点。陈某某于 2019 年 11 月回国，因本案于 2023 年 5 月被公安机关抓获归案；钟某某于 2020 年 1 月回国，因本案于 2023 年 5 月自动投案。

【诉讼过程】

2023 年 4 月 25 日，上海市公安局静安分局对本案立案侦查。2023 年 8 月 2 日，静安分局以陈某某等人涉嫌诈骗罪、偷越国（边）境罪移送静安区人民检察院审查起诉。2023 年 8 月 29 日，静安区人民检察院对陈某某、钟某某以诈骗罪、偷越国（边）境罪提起公诉。

2023 年 12 月 26 日，静安区人民法院经依法审理，以诈骗罪、偷越国（边）境罪判处陈某某有期徒刑一年七个月，并处罚金人民币两万四千元；以诈骗罪、偷越国（边）境罪判处钟某某有期徒刑一年八个月，并处罚金人民币二万六千元。现判决已生效。

【典型意义】

依法严惩以合法事由掩盖非法目的出境实施电诈的犯罪分子。对行为人以旅游、探亲、求学、务工、经商等虚假事由骗领出入境证件，出境后即前往电信网络诈骗犯罪窝点从事电信诈骗活动的，属于使用以虚假的出入境事由骗取的出入境证件出入国（边）境情形，应当认定为偷越国（边）境行为，构成偷越国（边）境罪的，依法定罪处罚。

案例九

唐某某诈骗案

【基本案情】

2020 年 9 月底，唐某某赴缅北地区，在明知他人实施电信网络诈骗犯罪的情况下，先后加入多个电信网络诈骗窝点，纠集、组织境内“跑分”人员和“卡农”，为电信网络诈骗活动转移资金提供帮助，其行为关联赵某文等 60 名被害人，涉案金额人民币 173 万余元。2023 年七八月间，唐某某知道自己被我国公安机关通缉，在诈骗窝点多次向其户籍所在地派出所民警表达回国自首意愿。2023 年 10 月，唐某某步行 4 日至云南省临沧市南伞口岸，入境时被公安机关抓获归案。

【诉讼过程】

2021 年 5 月 7 日，山东省五莲县公安局对本案立案侦查。2024 年 2 月 29 日，五莲县公安局以唐某某涉嫌诈骗罪移送五莲县人民检察院审查起诉。2024 年 3 月 25 日，五莲县人民检察院以唐某某犯诈骗罪起诉至五莲县人民法院。庭审期间，唐某某辩护人提出，唐某某在诈骗窝点被他人殴打，属于胁从犯，应当减轻处罚或者免除处罚。检察机关认为，唐某某积极为诈骗活动提供帮助，在窝点具有一定的人身、通讯自由，所受体罚并未达到被胁迫参加犯罪的程度，不宜认定为胁从犯。

2024 年 5 月 13 日，五莲县人民法院作出一审判决，认定唐某某系自首，其在电诈窝点期间行动虽受部分限制，但所受限制系电诈窝点的管理要求，唐某某积极主动实施犯罪，不应认定为胁从犯，综合考虑其犯罪事实情节，以诈骗罪判处唐某某有期徒刑六年五个月，并处罚金人民币十五万元。唐某某未上诉，判决已生效。

【典型意义】

1. 全链条严惩电信网络诈骗“帮凶”，最大限度铲除犯罪土壤。部分犯罪分子明知他人实施电信网络诈骗犯罪，仍为其提供资金转移、技术支持、引流推广等帮助，成为电信网络诈骗黑灰产业链的重要环节，持续为电诈犯罪“输血供粮”，依法应予严惩。对于长时间内相对稳定地为电诈犯罪提供转移资金、技术支持、引流推广等帮助，已经形成稳定协作关系的，应当依法以诈骗罪共犯追究责任。

2. 依法准确认定胁从犯和自首情节，确保不枉不纵。行为人以在窝点被他人殴打为由辩解属胁从犯的，应注意审查判断被殴打的原因系未能完成窝点要求的诈骗“业绩”还是拒绝实施诈骗活动。行为人在诈骗窝点积极发挥作用，具有一定的人身、通讯自由，不属于受胁迫参加犯罪或者达不到胁迫程度的，不宜认定为胁从犯。对于在诈骗窝点期间即向公安机关联系投案，明知自己已经被通缉，仍主动前往口岸并提供真实身份信息入境，后被公安机关抓获，归案后如实供述全部犯罪事实的，依法应当认定自首，从宽处罚。

案例十

张某诈骗案

【基本案情】

2021 年 2 月，张某在柬埔寨务工期间，经人介绍至西哈努克市某“工业园区”加入“财神”电诈集团，任业务员。该犯罪集团以境内女性群体为目标，通过朋友圈及微信群虚构成功男士形象，诱导被害人在集团控制的“金天利”虚假投资平台充值，骗取被害人钱款。张某加入该犯罪集团后，负责维护用于诈骗的微信号，并与被害人进行前期情感交流，待骗取被害人信任后交由其他同伙进一步实施诈骗。经查，该诈骗集团共有成员近 200 人，共骗取中国境内 100 余名被害人钱款约人民币 1 亿元。2021 年 10 月，张某退出该诈骗集团，继续留在园区从事其他工作。2022 年 6 月，张某回国后，公安机关根据前期掌握的犯罪线索将张某抓获。

【诉讼过程】

2021 年 11 月 3 日，上海市公安局闵行分局对本案立案侦查。张某如实供述了其加入境外诈骗集团，负责养号引流、骗取被害人信任等犯罪事实，并提供了公安机关尚未掌握的该诈骗集团的主要架构分工、诈骗模式、行为特征、使用的诈骗 App 平台名称、介绍人、部门主管身份等重要线索。2022 年 8 月 17 日，闵行区人民检察院认为张某认罪悔罪态度较好，对其取保候审足以防止发生社会危险，对张某作出不批准逮捕决定。2022 年 8 月 29 日，公安机关以张某涉嫌诈骗罪移送检察机关审查起诉。

2022 年 9 月 5 日，闵行区人民检察院以诈骗罪对张某提起公诉。考虑张某作为犯罪集团底层人员，能主动交代公安机关尚未掌握的犯罪集团相关情况，虽不构成立功，但为破获犯罪集团、抓捕犯罪集团主犯发挥一定作用，且认罪认罚、退缴违法所得，应当对其从宽处罚，遂向人民法院建议对其适用缓刑。2022 年 9 月 14 日，闵行区人民法院经依法审理，认定张某犯诈骗罪，判处有期徒刑二年，缓刑二年，并处罚金人民币五千元。张某未上诉，判决已生效。

根据张某提供的线索，公安机关加大案件查办和边境防控力度，发挥认罪认罚从宽的示范效应，督促已到案的行为人主动提供涉犯罪集团线索材料。先后成功劝返多名在逃“财神”集团成员主动投案，抓获该诈骗集团成员 70 余人，其中包括三名集团首要分子，有力打击了跨国电信网络诈骗集团。

【典型意义】

在依法严惩跨境电信网络诈骗犯罪的同时，对于为侦破案件、抓捕首要分子起到重要作用的人员，给政策、给出路，依法从宽处理。对跨境电信网络诈骗犯罪，办案机关要充分运用认罪认罚从宽制度，督促已到案的犯罪集团成员主动提供涉犯罪集团线索材料。对于提供办案机关尚未掌握的情况，为破获犯罪集团、抓捕犯罪集团主犯发挥重要作用的，依法认定立功，给予大幅度从宽处罚；或者虽不构成立功的，仍可以给予其较大幅度从宽处罚。

最高人民检察院

关于印发最高人民检察院第五十二批指导性案例的通知

2024 年 4 月 23 日　　　　　　　　　高检发办字〔2024〕101 号

各省、自治区、直辖市人民检察院，解放军军事检察院，新疆生产建设兵团人民检察院：

经 2024 年 1 月 26 日最高人民检察院第十四届检察委员会第二十三次会议决定，现将朱某涉嫌盗窃不批捕复议复核案等四件案例（检例第 209—212 号）作为第五十二批指导性案例（不批捕不起诉复议复核及刑事追诉标准主题）发布，供参照适用。

朱某涉嫌盗窃不批捕复议复核案

（检例第 209 号）

【关键词】

盗窃罪　多次盗窃　情节显著轻微　不批捕复议复核

【要旨】

行为人虽然“多次盗窃”，但根据行为的客观危害、情节与行为人的主观恶性等综合考量，不具有严重社会危害性，不应受刑罚处罚的，属于情节显著轻微危害不大，不认为是犯罪，人民检察院应当依法作出不批捕决定。对复议复核案件，人民检察院应当开展实质审查，对复议案件，还应当另行指派检察官办理。

【基本案情】

犯罪嫌疑人朱某，女，1968 年 3 月出生，无业。

2021 年 7 月 4 日至 6 日，朱某在云南省昆明市五华区某单位附近散步时，先后三次将谢某在单位门口种植的十六盆多肉植物拿回家中。7 月 7 日 14 时许，谢某发现其种植的多肉植物被盗后报警。当日 19 时 40 分许，朱某到案发地散步准备再次盗窃多肉植物时，被保安发现并要求登记身份信息，其提供虚假信息后离开现场。7 月 15 日，民警通过视频监控锁定朱某并前往其住处附近寻找，邻居将该情况告知朱某后，朱某下楼向民警如实交代自己盗窃多肉植物的事实，并将所盗物品交还谢某。经鉴定，朱某盗窃的多肉植物共计价值 98 元。

【检察机关履职过程】

（一）审查逮捕

2021 年 7 月 15 日，昆明市公安局五华分局对朱某涉嫌盗窃案立案侦查，次日对其刑事拘留。7 月 26 日，五华分局以朱某涉嫌盗窃罪向昆明市五华区人民检察院提请批准逮捕。

昆明市五华区人民检察院审查认为，朱某在不同时间段内三次盗窃，应当认定为多次盗窃。但其盗窃对象价值微小，只有98元，案发后主动归还被盗财物，挽回被害人经济损失，属于情节显著轻微危害不大，根据刑法第十三条的规定，不认为是犯罪。2021年8月2日，五华区人民检察院作出不批捕决定，并向公安机关送达不批捕理由说明书，当面向公安机关说明理由和依据。

（二）不批捕复议审查

2021年8月5日，昆明市公安局五华分局认为朱某多次盗窃，符合刑法关于盗窃罪的规定，以情节显著轻微危害不大作出不批捕决定错误，且容易模糊违法与犯罪的界限，导致实践中不易执行，向检察机关提出复议。

昆明市五华区人民检察院另行指派检察官办理。检察官调阅案卷、讯问朱某，围绕案件事实、证据、原不批捕理由和复议理由等全面审查。经审查认为，朱某实施三次盗窃行为，符合刑法分则规定的多次盗窃，但刑法总则要求判断罪与非罪时应遵循是否具有严重社会危害性和应受刑罚处罚性。综合考量朱某的客观行为、主观目的、财物价值、追赃挽损等情况，属于情节显著轻微危害不大，不认为是犯罪。

2021年8月10日，昆明市五华区人民检察院经检察委员会研究，维持原不批捕决定，并当面向公安机关说明检察机关作出复议决定的理由和依据。

（三）不批捕复核审查

2021年8月11日，昆明市公安局五华分局提请昆明市人民检察院复核。公安机关认为，司法解释明确规定“二年内盗窃三次以上”的，应当认定为“多次盗窃”。朱某多次小额盗窃的行为可以评价为情节轻微，但不属于“情节显著轻微危害不大”。将“多次盗窃”的犯罪行为降格为行政违法行为，突破了刑法和行政法的边界，会导致公安机关办理多次盗窃案件时难以准确界定行政违法行为和犯罪行为。

在复核阶段，昆明市人民检察院检察官全面阅卷、核实证据，听取公安机关、下级人民检察院及朱某的意见。经审查认为，刑法规定“多次盗窃”意在惩处惯犯惯偷，朱某的行为系偶尔贪图小利，被盗的多肉植物价值仅为 98 元，且朱某在案发后主动归还被盗的多肉植物，没有造成被害人的经济损失。朱某的行为属于情节显著轻微危害不大，不认为是犯罪，对其行为可予以治安处罚。

昆明市人民检察院决定维持不批捕复议决定，于 2021 年 8 月 25 日向公安机关送达文书并当面释法说理。

（四）处理结果

2021 年 9 月 6 日，昆明市公安局五华分局撤销刑事案件，对朱某作出行政拘留十五日的处罚，因朱某此前已被刑事拘留，刑事拘留日期折抵行政拘留日期。

【指导意义】

（一）审查认定犯罪应当依法准确把握是否具有严重社会危害性的本质特征。准确区分罪与非罪、违法与犯罪的界限，要善于从纷繁复杂的法律事实中准确把握实质法律关系，善于从具体法律条文中深刻领悟法治精神，善于在法理情的有机统一中实现公平正义。理解把握“多次盗窃”的规定，应坚持实质解释，不能简单认为只要“多次盗窃”就一律作为犯罪惩处。一方面应遵循“多次盗窃”与“数额较大、入户盗窃、携带凶器盗窃、扒窃”具有相当的危害性；另一方面要把分则与总则结合起来理解，根据刑法第十三条的规定，进一步审查其行为的社会危害性程度和是否应予刑罚处罚。对“多次盗窃”的，可以结合行为人实施盗窃的动机、目的、时间、地点、手段、对象、数额等情节综合判断是否认定为盗窃罪。如具有以破坏性手段多次盗窃的，以盗窃为业的，曾因盗窃受过刑事处罚或者行政处罚又多次盗窃的，多次盗窃残疾人、孤寡老人财物等情形的，应当以盗窃罪依法追诉。对于虽然多次盗窃，但行为人属于贪图小利、顺手牵羊，盗窃少量财物、价值较小的，应当认定为情节显著轻微危害不大，不认为是犯罪。

（二）办理复议复核案件，应当开展实质审查。对复议案件，人民检察院应当另行指派检察官办理，要注重听取公安机关的意见，审查、复核证据，加强沟通说理，必要时可以组织听证。对于经复议复核维持原不批捕决定的，人民检察院向公安机关送达复议复核决定时应当说明理由。

【相关规定】

《中华人民共和国刑法》第十三条、第二百六十四条

《中华人民共和国刑事诉讼法》（2018 年修正）第九十条、第九十二条

《人民检察院刑事诉讼规则》（2019 年修订）第二百九十条、第二百九十一条

《最高人民法院、最高人民检察院关于办理盗窃刑事案件适用法律若干问题的解释》（法释〔2013〕8 号，2013 年 4 月 4 日起施行）第三条第一款

杨某涉嫌虚假诉讼不批捕复议案

（检例第210号）

【关键词】

虚假诉讼　篡改证据　综合履职　不批捕复议

【要旨】

认定虚假诉讼罪，应当把握行为人是否实施了捏造民事法律关系、虚构民事纠纷的行为。行为人虽然篡改部分证据，但当事人之间存在真实的民事法律关系、民事纠纷的，不认为是犯罪。人民检察院办理不批捕复议案件，应当加强与公安机关沟通，促进对复议决定的理解认同。对行为人的行为虽不构成犯罪，但妨害了司法秩序或者侵害了他人合法权益的，人民检察院应当提出检察建议，使行为人承担相应法律责任。

【基本案情】

犯罪嫌疑人杨某，男，1966年4月出生，四川资阳某生态旅游开发有限公司法定代表人、董事长。

2018年3月8日，杨某为扩大公司经营项目，引种柑橘树，经中间人介绍，与贺某等四名农户就购买6.3万株柑橘苗事宜协商一致。后由公司员工钟某以个人名义与上述农户分别签订协议。协议约定柑橘苗的定购数量、价格、质量和交付时间、方式及违约责任，但对交付标准、解除协议的条件及后果未约定。其中，对违约责任约定“如有违约，违约方应向守约方支付违约金（按照每株柑橘苗5元钱的标准计算）”。3月9日，杨某安排钟某通过公司账户使用公司资金，按照每株 1 元钱的标准向上述农户支付预付款 6. 3 万元。后因中间人死亡，其原承诺的由农户负责办理检验检疫手续迟迟未果，直至 2018 年 6 月 30 日履约期满，该协议仍未实际履行，柑橘苗未移挖。

因柑橘苗市场价格持续下降，且公司资金短缺，2020 年初，杨某向贺某等提出退还预付款 6. 3 万元。在多次协商未果后，杨某将原协议甲方由“钟某”改为“四川资阳某生态旅游开发有限公司”，增加“植物检疫证书”为交付标准，伪造“如不能出具植物检疫证书，有权解除协议”以及“已收取的定金、柑橘苗款、其他任何款项应全额返还”等内容，于 2020 年 9 月 23 日向四川省简阳市人民法院起诉，请求判令“解除原协议”“返还购苗款 6. 3 万元及资金占有利息”“支付违约金 2. 52 万元”。法院两次组织开庭审理。庭审中，杨某未实际主张违约金问题。后因贺某等农户向法庭提交了原始协议，致使杨某篡改协议的行为被发现。法院认为，杨某提供的协议与原始协议在合同主体、合同内容方面存在差异，可能涉嫌虚假诉讼犯罪，于 2020 年 11 月 8 日将线索移送简阳市公安局。

【检察机关履职过程】

（一）审查逮捕

简阳市公安局于 2020 年 11 月 11 日立案侦查，于 2021 年 3 月 22 日对杨某刑事拘留，于 4 月 2 日以杨某涉嫌虚假诉讼罪向简阳市人民检察院提请批准逮捕。

简阳市人民检察院审查认为，杨某作为公司法定代表人代表公司与农户协商并支付预付款，柑橘苗的购买方名为钟某实为公司，贺某等农户对此是明知和认可的。因此，公司与农户之间存在真实的民事法律关系；杨某与农户协商退还预付款而未果，是属于发生在公司与农户之间的民事纠纷，农户对此也是明知和认可的；杨某虽然客观上实施了伪造协议履约人等行为，但主观上是为能够有权起诉，并非无中生有捏造虚假诉讼侵害他人合法权益。因此，杨某的行为不符合刑法第三百零七条之一“以捏造的事实提起民事诉讼”的规定，不构成虚假诉讼罪。

2021 年 4 月 9 日，简阳市人民检察院依法对杨某作出不批捕决定，并向公安机关送达了不批捕理由说明书，阐释了不批捕的理由。同日，杨某被释放。

（二）不批捕复议审查

2021 年 4 月 14 日，简阳市公安局认为杨某篡改民事合同主体，导致民事法律关系主体发生变化，并致使法院两次开庭审理，妨害正常司法秩序，已涉嫌构成虚假诉讼罪，检察机关作出不批捕决定有错误，向简阳市人民检察院提出复议。

简阳市人民检察院另行指派检察官办理。检察官调阅原案卷宗、讯问犯罪嫌疑人、询问关键证人，对证据进行了全面审查核实。经审查认为，根据刑法第三百零七条之一和《最高人民法院、最高人民检察院关于办理虚假诉讼刑事案件适用法律若干问题的解释》的规定，虚假诉讼罪的客观表现为采取伪造证据、虚假陈述等手段捏造民事法律关系，虚构民事纠纷，向人民法院提起诉讼的行为。根据查明的有关权利义务归属、资金支付主体等事实，可以认定原始协议中的甲方（即钟某）实际上并非民事法律关系主体，杨某篡改履约人，只是使原始协议形式上发生变化，并没有导致实际的民事法律关系主体发生变化。协议双方未实际履约、期满近两年后协商退还预付款但未果等事实，可以认定民事纠纷真实发生，并非虚构。杨某篡改协议，目的是能够通过提起诉讼解决纠纷，其“返还购苗款 6.3 万元”的主张，实为争议内容。因此，杨某的行为不符合虚假诉讼罪的规定。

2021 年 4 月 21 日，简阳市人民检察院经检察委员会研究维持原不批捕决定。简阳市人民检察院在办理复议案件过程中，与公安机关座谈，主动加强沟通。公安机关对复议决定表示认可，未再提请复核。5 月 11 日，公安机关依法撤销杨某涉嫌虚假诉讼案。

（三）综合履职

对办案中发现的杨某故意篡改证据的违法行为，简阳市人民检察院跟进监督，向简阳市人民法院提出依法给予杨某司法处罚的检察建议。2021 年 5 月 25 日，法院对杨某作出罚款 2 万元的司法处罚决定。杨某接受处罚，按期缴纳了罚款。

【指导意义】

（一）办理虚假诉讼刑事案件应当审查行为人是否属于“以捏造的事实提起民事诉讼”。虚假诉讼罪的本质特征在于，行为人与他人之间不存在民事法律关系和民事纠纷，无中生有捏造民事法律关系和民事纠纷并提起民事诉讼。判断是否属于“无中生有”捏造民事法律关系和民事纠纷，应当坚持实质判断。如果行为人与他人之间实际上存在民事法律关系和民事纠纷，为了达到胜诉目的，篡改了部分证据，并没有从实质上改变原民事法律关系和民事纠纷的，不认定为虚假诉讼罪。如果构成其他违法犯罪的，按照有关规定追究法律责任。

（二）办理复议案件应当注重沟通，促进公安机关对复议决定的理解认同。人民检察院办理审查逮捕案件，经审查认为不构成犯罪的，应当依法作出不构成犯罪的不批捕决定。办理公安机关要求复议案件时，要注重听取公安机关的意见，充分阐明案件事实、不批捕及复议决定的理由和法律依据，促进形成共识。

（三）应当强化综合履职，提升检察监督质效。虚假诉讼行为侵害其他民事主体的合法权益，妨害司法公信、司法秩序。人民检察院在办案中应当强化综合履职，对虽然不构成犯罪，但破坏正常民事诉讼秩序，需要给予司法处罚的，应当依法及时将线索移送人民法院，并提出检察建议。

【相关规定】

《中华人民共和国刑法》第三百零七条之一第一款

《中华人民共和国刑事诉讼法》（2018 年修正）第九十二条

《人民检察院刑事诉讼规则》（2019 年修订）第二百九十条

《最高人民法院、最高人民检察院关于办理虚假诉讼刑事案件适用法律若干问题的解释》（法释〔2018〕17 号，2018 年 10 月 1 日起施行）第一条、第二条

《最高人民法院、最高人民检察院、公安部、司法部关于进一步加强虚假诉讼犯罪惩治工作的意见》（法发〔2021〕10 号，2021 年 3 月 10 日起施行）第二条、第三条、第四条、第二十三条

王某掩饰、隐瞒犯罪所得不批捕复议复核案

（检例第 211 号）

【关键词】

掩饰、隐瞒犯罪所得　明知　追诉标准　情节严重　不批捕复议复核

【要旨】

对掩饰、隐瞒犯罪所得、犯罪所得收益罪“明知”的认定，应当

结合行为人的职业性质、认知能力、赃物形态、收购价格、所获收益等综合判断。人民检察院办理掩饰、隐瞒犯罪所得案件，应当根据案件具体事实、情节、后果及社会危害程度，结合上游犯罪的性质、上下游犯罪量刑均衡等综合判断，决定是否追诉、是否认定为“情节严重”。上级人民检察院办理不批捕复核案件，发现下级人民检察院复议决定有错误的，应当依法予以纠正。

【基本案情】

被告人徐某，男，1989 年 1 月出生，建筑工地水电工。

被告人王某，男，1988 年 9 月出生，废品收购站个体经营者。

2021 年 4 月至 5 月，在安徽省明光市某产业园工地从事水电工作的徐某，先后 24 次盗窃工地内脚手架扣件，分 29 次卖给经营废品收购站的王某。王某明知脚手架扣件来路不明，仍低价收购并付给徐某 19700 余元。被害人发现工地扣件丢失后报警。

2021 年 5 月 15 日，王某被抓获，徐某接民警电话通知到案。公安机关查扣被盗脚手架扣件 1201 个，已发还被害人。经价格认定，被盗脚手架扣件总价值 32400 元。后徐某退缴赃款。

【检察机关履职过程】

（一）审查逮捕

2021 年 5 月 15 日，安徽省明光市公安局对徐某涉嫌盗窃罪立案侦查，次日对王某涉嫌掩饰、隐瞒犯罪所得罪立案侦查，并对二人刑事拘留。5 月 21 日，以徐某涉嫌盗窃罪，王某涉嫌掩饰、隐瞒犯罪所得罪向明光市人民检察院提请批准逮捕。

明光市人民检察院审查认为，徐某实施盗窃犯罪，数额较大，依法可能判处徒刑以上刑罚，不逮捕可能实施新的犯罪，具有社会危险性；王某的行为不符合《最高人民法院关于审理掩饰、隐瞒犯罪所得、犯罪所得收益刑事案件适用法律若干问题的解释》（以下简称《解释》）第一条第一款规定的四种情形，在第二款“人民法院审理掩饰、隐瞒犯罪所得、犯罪所得收益刑事案件，应综合上游犯罪的性质、掩饰、隐瞒犯罪所得及其收益的情节、后果及社会危害程度等，依法定罪处罚”的规定没有明确、具体的标准的情况下，无法认定王某的行为构成掩饰、隐瞒犯罪所得罪。明光市人民检察院于2021年5月28日决定批准逮捕徐某，以王某不构成犯罪作出不批捕决定，并向公安机关送达不批捕理由说明书。王某当日被释放。

（二）不批捕复议审查

2021年5月31日，明光市公安局提出复议，认为王某明知徐某向其出售的脚手架扣件来路不明，仍29次予以收购，符合《解释》第三条第一款第（二）项“掩饰、隐瞒犯罪所得及其产生的收益十次以上，属于情节严重”的规定。根据刑法第三百一十二条的规定，应处三年以上七年以下有期徒刑。检察机关以不符合入罪标准作出不构成犯罪不批捕不当，应当批准逮捕。明光市人民检察院另行指派检察官审查。检察官经审查，并经检察长批准，于6月7日以同样理由决定维持原不批捕决定。

（三）不批捕复核审查

2021年6月8日，明光市公安局向滁州市人民检察院提请复核。滁州市人民检察院指派部门负责人审查。检察官调阅全案卷宗，听取公安机关与明光市人民检察院的意见。经审查认为，王某的行为虽然不符合《解释》第一条第一款规定的四种情形，但应当根据第二款的规定综合考量是否构成犯罪。作为上游盗窃犯罪的徐某，盗窃价值 32400 元的财物，犯罪事实已查明并被批准逮捕，下游的王某长期从事废品收购，以低价收购，且很多扣件都是整包的，可以认定其明知是犯罪所得，为获取非法利益连续多次低价收购，数额也远超修改前《解释》规定的三千元至一万元以上的数额标准，已涉嫌构成掩饰、隐瞒犯罪所得罪。考虑到王某归案后如实供述犯罪事实、自愿认罪认罚、愿意退赃，在综合评判其社会危险性后，经检察长批准，于 6 月 18 日作出无社会危险性不批捕的复核决定，并当面向公安机关说明理由。

（四）处理结果

2021 年 6 月 24 日，明光市公安局以徐某涉嫌盗窃罪，王某涉嫌掩饰、隐瞒犯罪所得罪移送明光市人民检察院审查起诉。

明光市人民检察院审查认为，王某已涉嫌构成掩饰、隐瞒犯罪所得罪，但不属于“情节严重”的情形。对“情节严重”的认定不能单纯从形式上判断，王某基于掩饰、隐瞒的概括故意，在较短时间内对同一被害单位的同一类被盗物品多次收购，不宜机械地认定为“情节严重”。7 月 23 日，明光市人民检察院以徐某涉嫌盗窃罪，王某涉嫌掩饰、隐瞒犯罪所得罪提起公诉。

2021 年 8 月 19 日，明光市人民法院以盗窃罪判处徐某有期徒刑一年六个月，并处罚金一万八千元；以掩饰、隐瞒犯罪所得罪判处王某有期徒刑七个月，并处罚金八千元。宣判后，二被告人均未提出上诉，判决已生效。

【指导意义】

（一）办理掩饰、隐瞒犯罪所得案件，应当根据具体情节、后果、社会危害程度，以及上游犯罪的性质、危害后果等全面审查，决定是否追诉。认定“明知”时，应当结合行为人的职业性质、认知能力、赃物形态、收购价格、所获收益等综合判断。认定“情节严重”时，不能简单地以收赃次数作为判断标准，应当结合行为人的故意内容、收赃次数、赃物价值、持续时间、犯罪对象、危害后果，以及上下游犯罪的量刑均衡等综合判断。

（二）上级人民检察院办理复核案件，对不批捕及复议决定有错误的，要依法予以纠正。对公安机关提请复核的案件，人民检察院应当全面审查不批捕决定认定事实、适用法律是否正确，处理是否适当，是否违反法定程序，文书使用是否准确，法条援引有无错漏，释法说理是否充分，复议是否提出新事实、新证据等。对公安机关提请复核理由正确的，应依法予以采纳，纠正下级院的不当决定。

【相关规定】

《中华人民共和国刑法》第三百一十二条第一款

《中华人民共和国刑事诉讼法》（2018 年修正）第六十七条第一款，第八十一条第一款、第二款，第九十二条

《人民检察院刑事诉讼规则》（2019 年修订）第八十六条、第一百二十八条第一款、第一百三十四条、第二百九十条、第二百九十一条

《最高人民法院关于审理掩饰、隐瞒犯罪所得、犯罪所得收益刑事案件适用法律若干问题的解释》（法释〔2015〕11 号，2021 年 4 月 7 日修正，2021 年 4 月 15 日起施行）第一条第二款、第三条第一款第二项

茅某组织卖淫不起诉复议复核案

（检例第 212 号）

【关键词】

组织卖淫　容留卖淫　实质审查　上级复核纠正　不起诉复议复核

【要旨】

涉案场所内既有正规消费项目，又存在卖淫活动时，场所经营者辩称不知场所内有卖淫活动的，应全面审查在案证据，运用逻辑规则、经验法则分析判断其是否具有主观明知。场所经营者明知他人租赁其场所后以招募、雇用等手段管理或者控制他人卖淫，仍为其提供场所，并管理、约定嫖资分配比例，管理卖淫场所和人员的，应当认定为组织卖淫罪。人民检察院办理不起诉复核案件，经审查认为下级人民检察院作出的不起诉决定确有错误的，应当依法指令下级人民检察院纠正，或者撤销、变更下级人民检察院作出的不起诉决定。

【基本案情】

被告人茅某，男，1967 年 5 月出生，某浴场股东兼实际经营者。

茅某出资经营某浴场，并负责实际经营管理。自 2012 年 12 月开始，茅某明知王某（因犯组织卖淫罪被判刑）等人招募、雇用卖淫人员卖淫，仍将浴场一楼包厢区租赁给王某等人，与王某等人约定嫖资分配比例，并管理卖淫场所。其间，王某等人负责管理卖淫人员，浴场负责统一收取嫖资，并按照约定比例先提取浴场获利，再将剩余嫖资转付给王某等人。经营期间，该浴场因存在卖淫嫖娼先后二次被公安机关罚款。2013年5月30日，浙江省天台县公安局从该浴场内当场查获卖淫人员6人。经查，该卖淫场所卖淫记录992次，共计非法获利30余万元，其中，茅某分得约10万元。

【检察机关履职过程】

（一）审查逮捕

2013年5月，浙江省天台县公安局对王某等人涉嫌组织卖淫罪立案侦查。其间，多次传唤茅某。茅某辩称浴场经营正规项目，由经理和出纳负责日常管理和包厢区对外租赁，自己对王某等人组织卖淫活动不知情。天台县公安局认为证实茅某犯罪的证据不足，未对其立案侦查。2018年，台州市公安局在专项评查中认为，茅某负责浴场租赁、管理，有犯罪重大嫌疑，要求天台县公安局继续侦查。

2019年1月22日，天台县公安局对茅某作出刑事拘留决定，并网上追逃。8月26日，茅某投案，但仍称自己对浴场内存在卖淫活动不知情。天台县公安局认为，浴场工作人员证明包厢区租赁须经茅某同意，浴场经理证明曾受茅某指使规避涉黄检查，可以认定茅某明知王某等人从事卖淫活动仍为其提供场所，涉嫌容留卖淫罪，于9月17日向天台县人民检察院提请批准逮捕。

天台县人民检察院审查认为，在王某组织卖淫案中，浴场经理（因犯协助组织卖淫罪被判刑）和茅某互相推诿，均称浴场由对方管理，双方存在利害关系，故浴场经理证言证明力弱，且没有客观性证据，证明茅某主观明知的证据不足，于2019年9月20日作出不批捕决定，并提出补充侦查意见，要求公安机关调取合同等客观性证据，进一步查明卖淫活动商谈过程。天台县公安局补充调取出纳的证言，证明茅某负责浴场管理和资金结算。

（二）审查起诉

2020 年 1 月 2 日，天台县公安局以茅某涉嫌容留卖淫罪移送审查起诉。天台县人民检察院两次退回补充侦查后，经检察委员会研究认为，证明茅某明知王某等人在浴场内从事卖淫活动的证据仍不足，于 4 月 27 日作出存疑不起诉决定。

（三）不起诉复议审查

天台县公安局认为，有证据证明茅某负责浴场管理、决定项目入场、提供账户收取资金、指使经理规避涉黄检查，可以认定茅某明知存在卖淫嫖娼活动仍为王某等人提供场所，已涉嫌容留卖淫罪，于 2020 年 4 月 29 日对不起诉决定提出复议。

天台县人民检察院另行指派部门负责人办理。经审阅全部案件材料、核实案件事实与证据、听取天台县公安局意见后认为，证明茅某明知浴场存在卖淫活动的证据未达到确实、充分的程度，经检察长批准，于 2020 年 5 月 29 日决定维持原不起诉决定，并当面向公安机关说明理由。

（四）不起诉复核审查

2020 年 6 月 4 日，天台县公安局向台州市人民检察院提请复核。

台州市人民检察院指派分管副检察长办理，审查了原案卷宗和已判决同案犯的卷宗，核实了案件关键证据，听取了天台县公安局和天台县人民检察院意见。经审查认为，茅某是该浴场的实际经营者，包括卖淫在内的浴场各项事务都由茅某管理、控制，结合浴场经营期间因卖淫嫖娼被行政处罚的事实，即使茅某不认罪，综合全案事实、证据，可以认定茅某明知王某等人在浴场内组织卖淫活动而为其提供场所，同时还负责卖淫资金的管理、结算，卖淫场所和卖淫人员的管理等，已涉嫌组织卖淫罪而非容留卖淫罪。

台州市人民检察院认为，原案在办理中对罪名适用把握不准、对证明标准把握不当，错误作出存疑不起诉决定，于 2020 年 7 月 3 日撤销天台县人民检察院的不起诉决定，并指导天台县人民检察院做好审查起诉和出庭公诉工作。

（五）处理结果

2020 年 7 月 3 日，天台县人民检察院以涉嫌组织卖淫罪对茅某决定逮捕。茅某被逮捕后，自愿认罪认罚，供述组织卖淫的犯罪事实，并签署认罪认罚具结书。8 月 12 日，天台县人民检察院以茅某涉嫌组织卖淫罪提起公诉。

2020 年 8 月 31 日，天台县人民法院作出一审判决，采纳检察机关指控的事实、罪名及量刑建议，以茅某犯组织卖淫罪判处有期徒刑五年三个月，并处罚金二十万元。宣判后，茅某未提出上诉，判决已生效。

【指导意义】

（一）办理涉卖淫刑事案件时，对场所经营者辩解不知场所内有卖淫活动的，应当综合全案证据分析判断。当涉案场所内正规项目与卖淫行为并存时，对场所经营者辩称不知场所内有卖淫活动的，人民检察院认定其是否具有主观明知，应当审查在案证据证明方向是否一致、证据间是否相互印证，并结合场所经营者的职务、职权、有无规避检查以及场所是否曾因卖淫嫖娼受过处罚等因素，运用逻辑规则和经验法则分析行为人的辩解是否符合常理，综合全案证据予以判定。

（二）对于场所经营者为卖淫活动提供场所的同时，还对卖淫活动有管理、控制行为的，应当认定为组织卖淫罪。组织卖淫罪与容留卖淫罪的客观方面可能都有容留卖淫行为，但容留卖淫罪的要件限于提供场所，如果场所经营者明知他人租赁其场所并以招募、雇用等手段管理或者控制他人卖淫，仍为其提供场所，并约定、管理嫖资分配比例、管理卖淫场所、人员和卖淫收入的，应当认定为组织卖淫罪。

（三）上级人民检察院办理不起诉复核案件，应当进行实质审查，认为下级人民检察院不起诉及复议决定错误的，应当依法予以纠正。公安机关对于不批捕不起诉决定提出复议复核，既是公安机关与检察机关相互制约的体现，也是检察机关内部监督、上级对下级开展监督的体现。要充分发挥通过复议复核程序防错纠偏、统一司法标准的作用，确保检察权的正确行使。对于重大、疑难、复杂的复议复核案件，提倡由部门负责人、分管副检察长或检察长办理。办理复核案件，应当调阅案卷，进行实质审查，并注意听取公安机关和下级人民检察院的意见，必要时要复核证据。经审查认为下级人民检察院作出的不起诉决定确有错误的，应当依法指令下级人民检察院纠正，或者撤销、变更下级人民检察院作出的不起诉决定，并指导下级人民检察院做好案件后续办理工作。

【相关规定】

《中华人民共和国刑法》第三百五十八条第一款、第三百五十九条

《中华人民共和国刑事诉讼法》（2018 年修正）第一百七十九条

《人民检察院刑事诉讼规则》（2019 年修订）第三百七十九条第二款、第三百八十条

《最高人民法院、最高人民检察院关于办理组织、强迫、引诱、容留、介绍卖淫刑事案件适用法律若干问题的解释》（法释〔2017〕13 号，2017 年 7 月 25 日施行）第一条、第八条第一款

司法实务问题研究

非法集资犯罪的防范与处置

李 磊*

一、非法集资犯罪现状

（一）总体犯罪特征

（1）非法集资案件数量持续高发。公开资料显示，2015 年至 2018 年，全国法院新收非法集资案件分别为 5843 件、7990 件、8480 件、9183 件，审结非法集资案件分别为 3972 件、6999 件、8555 件、9271 件。2015 年至 2018 年，集资诈骗犯罪案件的重刑率连续四年均超过 70%，监禁刑率连续四年均超过 90%，远高于同期全部金融犯罪案件。① 2018 年以来，以 P2P 网络借贷及私募基金等形式非法集资的案件频发，案件数量持续增长，仅深圳市 2023 年就审结“小某资本”“红某创投”“融某所”等多个影响遍布全国的重点非法集资平台案件，涉及资金规

* 作者单位：广东省深圳市福田区人民法院刑事审判庭。

① 参见《人民法院审理非法集资刑事案件情况》，载最高人民法院官网，https://www.court.gov.cn/zixun/xiangqing/141322.html，2024 年 5 月 3 日访问。

模庞大，均达数百亿及千亿级体量。

（2）非法集资形式发生转变，从传统集资手法转为网络 P2P，再到以私募基金为载体。以深圳福田区为例，近十年来审理的非法集资刑事案件中仅有一宗是线下的传统集资；在新型非法集资案件中，网络 P2P 的注册时间主要是 2016 年以前，2016 年后成立的公司则主要以私募基金为名进行非法集资，以委托理财、发行信托、投资入股等作为手段。

（3）非法集资手段网络化、多样化，从实体产品转向金融产品。非法集资组织化、网络化趋势日益明显，线上线下相互结合，传播速度更快、覆盖范围更广。犯罪分子打着“金融创新”“经济新业态”“资本运作”等幌子，从种植养殖、资源开发、房地产向投资理财、网络借贷、股权众筹、虚拟货币转变，迷惑性更强，“金融互助”“消费返利”“养老投资”等新型犯罪层出不穷，“互联网+传销+非法集资”模式案件多发，层级扩张快，传染性很强，金融监管、防范打击难度加大，容易形成跨区域大案。

（4）跨区域大要案审判处置难度大，社会维稳压力大。跨区域重大非法集资案件不断出现，P2P 领域尤为突出，这些案件涉及地域范围广，集资参与人众多，涉案金额巨大，社会影响重大，备受社会关注。许多案件在案发时往往资金链已经断裂，经济损失难以挽回，容易引发集资参与人不稳定因素，给案件审判、资产处置工作带来极大困难，社会维稳压力大。

（二）监管缺失典型案例

深圳弘某财富管理有限公司非法吸收公众存款案，被最高人民法院、最高人民检察院列为打击非法集资指导案例。在该案中，被告人注册该公司，以房地产更新项目为由，通过公司理财经理推销、同行业从业人员推销、客户推介客户等多种方式向客户公开宣传所谓“基金”，招募有限合伙人，并以年利率10%至14.5%的回报，吸收投资者投资，非法集资共计5.999亿元，未兑付资金4.42亿元。该案的基金公司虽在中国证券投资基金业协会备案登记，但被告人违反不得公开宣传和不得超募的规定，未按要求审核资质、提示风险，未按约定使用资金，将募集资金挪作他用，违反不得承诺最低收益的规定，因此，被认定为非法吸收公众存款罪。

上述非法集资案例反映出，监管机构对部分基金公司的违法行为并未进行监管：（1）未监管基金公司是否违反不得公开宣传的规定。（2）未监管资金募集时是否存在超员募集问题。（3）未监管基金公司是否按要求审核资质、提示风险。部分投资者不具有进行私募必需的风险承担、识别能力，部分投资人只有退休金、明显没有其他收入，且事实证明其生活上出现就医等众多困难。（4）未监管基金公司是否违反不得承诺最低收益的规定，导致被告人承诺保本付息，给予最低收益。（5）未监管基金公司是否按约定使用资金，将募集资金挪作他用，导致违反私募规定，将私募的资金混同其他财产使用，甚至将募集资金挪作他用。

（三）实践中发现的问题

上述非法集资案件反映出的共性问题是，对于涉众金融公司的社会监管不完善，执法力度不够强。一是运营过程中，对于涉众型金融公司需要金融监管机构与地方政府的职能部门齐抓共管。但是，各级监管部门之间的权责不明晰，没有做好共同监督与治理，对于吸收资金是否用于约定项目监管不力。二是有的政府部门忽视了对“投资者”资质、信用的考察，被不法分子利用；有的地方在发现问题后，处理不及时，可能进一步加大处置难度。三是涉众金融公司“暴雷”后，部分地区放任平台私自兑付、清退，可能引发新的问题。

二、部分地区审判实践总结

（一）山东法院审判实践

2020 年 9 月 28 日，山东省高级人民法院发布《山东法院金融犯罪审判白皮书》，该白皮书基于审判实践中发现的问题，针对金融领域的宏观管理提出两点建议：一是不断加强宏观金融市场研究，完善创新金融调控措施，丰富金融产品，贯通投资与需求，切实发挥金融对经济的推动促进作用。二是在金融领域监管上，不断加强风险预判，完善防控措施，确保金融市场风险可预测、可防控，避免形成大的局域性、系统性风险，影响社会稳定。

（二）江苏法院审判实践

2020 年 9 月 16 日，江苏省高级人民法院发布《江苏法院金融审判白皮书（2018—2020）》指出，金融秩序的稳定，金融安全的维护，需要政府部门、金融监管机构、金融机构、行业协会以及社会公众等各方的共同努力，尤其需要人民法院与监管机关的协同。江苏省高级人民法院建议进一步防范化解金融市场风险：一是要进一步加大对非法金融活动的整治力度。非法金融活动严重影响金融市场的安全和稳定。金融监管部门要为金融市场的整治活动提供强有力的政策依据和保障，强化金融监管的可操作性，推动监管政策的落地。二是要进一步加强金融风险防范机制建设。金融机构要进一步树立起依法合规经营理念，杜绝以逃避监管为目的的所谓金融创新，维护金融市场的正常秩序。三是要进一步建立健全金融消费者权益保护机制。四是要进一步提升金融消费者的风险防范意识。五是要进一步完善金融领域法律法规，提升金融监管立法层级，与现行监管政策、规范性文件形成有机衔接和制度合力，明确金融机构在经营范围、风险评估、投资者适当性义务管理、说明提示义务等方面的行为要求以及违法违规的法律后果。

（三）深圳法院审判实践

2020 年 12 月 8 日，深圳市中级人民法院发布《金融犯罪审判白皮书（2015—2019 年）》指出，金融监管、预警和防范机制还需要进一步完善。长期以来，金融行政管理的主要方向是服务与发展，重发展、轻监管的现象较为常见。加大金融监管力度、完善监管制度与满足复杂监管需求的矛盾日益凸显。同时，金融发展是一个易见效、易考核的目标，而防控金融风险是一个长期、隐性的约束条件。金融行政监管部门在处理发展与监管关系时，也存在两难境地。再加之当前深圳金融企业数量多，发展快，资管规模大，管理难度大，金融犯罪案件往往涉案地域广、范围大，多个金融监管部门和机构均有监管职责，地区间、部门间协调联动机制相对松散，难以建立起行之有效的预警和监管体系化机制。金融监管部门对部分金融违法行为不能及时采取果断查处措施，导致违法、犯罪危害后果及风险进一步加大。

三、国外有关法律与规制措施

西方资本主义国家实行市场经济时间较长，涉及金融的法律制度也较为健全。其中，美国对于欺诈性集资打击力度较大，例如，《综合旧货和银行诈骗指控与纳税人追索法》规定，非法经营持续性金融企业的，处终身监禁。经典案例为 2008 年纳斯达克董事会前主席麦道夫投资诈骗案。具体而言，美国相关立法与判例中所出现的非法集资活动主要包括非法银行业务、公开销售未注册证券、未注册开展投资公司业务以及非法保险业务等。

（一）非法银行业务

各州立法均禁止任何个人或实体从事银行业务，除非其依据适当的州法或联邦法律获得了银行牌照。就非法银行业务中的“银行业务”这一功能性概念的认定而言，法院在这个领域发展出了“核心业务标准”，即只有从事银行经营行为中的核心业务（通常是指吸收存款和发放商业贷款、兑现支票），才能被认定从事了非法银行业务。

从事非法银行业务在很多州都构成犯罪。例如，根据弗吉尼亚州法律，未经授权以银行名义进行交易或者开展银行业务构成六级重罪。此类犯罪由各州总检察长依据刑事诉讼程序进行提告。此外，未授权银行业务涉及的合同无效，但向从事非法银行业务的组织借款的当事人不能通过主张合同无效而规避还款义务。

就监管机构可采取的措施而言，当发现涉嫌非法银行业务的行为时，州银行委员会可对当事人或相关组织展开调查，签发传票，签发制止令并责令返还非法所得、对其进行罚款等。州银行委员会还可向法院提起民事诉讼，申请禁制令并为被告指定管理人、对其进行罚款或责令其返还非法所得或进行损失赔偿。为确保执法行动及时、有效，嫌疑人拒绝配合调查提供账户、账簿和文件即可能构成违法的初步证据；部分州的法律甚至规定，为此事由所签发的制止令即时生效，而不必事先通知相对人或举行听证。联邦法律并未赋予货币监理署针对非法银行业务的执法权限。后者在其官方网站发布通告对相关活动进行警示，并鼓励公众对开展非法银行业务的行为进行举报。

（二）公开销售未注册证券

美国联邦法律和州法规定，除一些豁免情况外，禁止公开销售未经注册的证券。如1933年美国证券法第5条规定，禁止利用直接或间接邮寄或者州际贸易的任何手段或工具公开要约或销售未经注册的证券。为给予消费者最大的保护与最全面的救济，1933年美国证券法中的证券包罗万象；为使证券法的管辖范围能够涵盖实践中不断出现的各种新颖的投资方式，证券的定义中还包含投资合同这一相对模糊的概念。在如此宽泛的定义下，比特币、首次币发行的发行者都曾被美国证券交易委员会（SEC）的执法部门调查，并罚以巨款。为避免过度包含，法律规定了一系列可免予注册的证券类型（包括政府、非营利组织、银行、信托基金发行的证券，保险单和年金合同等）与可以豁免的交易类型（包括针对小额发行、私募发行的豁免，针对交易商、经纪人的交易豁免，以及针对众筹的豁免等），以将不必纳入证券法保护范围的证券发行予以排除。此外，1933年美国证券法第28条还赋予SEC“一般豁免权”——在SEC认为对保护公共利益和投资者权益必要或适当时，可以有条件或无条件地豁免任何的或任何一类的人、证券、交易在证券法任何一条规定下的义务。

在故意为之的情况下，公开销售未注册证券可能被追究刑事责任，被处以1万美元以下的罚款或五年以下的监禁。由于信息不透明，公开销售未注册证券在很多情况下与证券欺诈相伴而生。与一般欺诈罪相比，证券欺诈的认定更为简单：无须存在实际诈骗行为或诈骗意图，而只须证明行为人具有明知其陈述为虚假。

就SEC的执法措施而言，其在充分利用各种渠道（如市场监督、投资专业人士建议、投资者的投诉以及媒体等渠道）发现违法线索后，可对相关行为展开调查、签发制止令、进行民事罚款，或向法院提起民事诉讼申请禁利令和附带救济（罚款、返还非法所得、资产冻结等）。如有必要，还可以将犯罪证据移送司法部，由后者发起刑事诉讼。追究刑事责任不影响 SEC 对当事人基于同样事由进行行政处罚。此外，SEC 还鼓励从事创新业务（特别是数字资产交易）的实体预先与 SEC 进行沟通，以确认其是否需要进行注册。

1933 年美国证券法第 27 条还为当事人提供了私人诉权，未注册发行证券的购买者有权向法院提起侵权性质的民事诉讼，请求返还其所支付的证券对价及利息。法院对此类侵权诉讼采取严格责任，即受害人无须证明发行人存在主观过错。此外，该发行行为所涉及的民事合同并不当然无效，无过错方可决定是否对其进行追认。

（三）未注册开展投资公司业务

1940 年美国投资公司法第 7 条规定，投资公司必须依法注册。第 3（a）条则给出了投资公司的功能性定义。投资公司是指下列公司：主要从事投资、再投资或证券交易，或者声称自己主要从事这些交易，或者打算主要从事这些交易；正在从事、打算从事或已经开始从事发行分期付款面额凭证业务；投资或打算投资在投资证券上超过其总资产的 40%。该法所指的“公司”包括公司、合伙、社团、信托、基金或任何组织形式的实体。

SEC 对未注册投资公司可采取的执法措施与公开销售未注册证券相似。一般认为，1940 年美国投资公司法的规定中隐含了私人诉权。就所涉及民事合同的效力而言，合同双方均可不对其进行执行，除非法院判定在不违反立法目的的前提下，执行比不执行的结果更加公平。而在故意为之的情况下，未注册开展投资公司业务也可能被追究刑事责任，被处以 1 万美元以下的罚款或 5 年以下的监禁。

（四）非法保险业务

美国州法禁止任何尚未得到正式批准的个人或实体在其辖区内开展保险业务。例如，阿肯色州法律规定，保险是一方（保险人）有义务根据偶然事件的发生状况将金钱价值利益授予另一方（被保险人或受益人）的任何协议、合同或其他交易，被保险人或受益人在此类事件发生时已经或预期会产生的重大利益将因此类事件的发生而受到不利影响。当判断一项金融交易是否包含需要监管的保险业务时，须遵循实质重于形式的原则，根据交易的目的、影响、内容、来源进行判断。

一些州法向因未授权保险产品而受到损害的当事人提供了向保险人索赔的私人诉讼。从事非法保险业务在很多州都构成重罪。例如，在内华达州，从事非法保险业务的保险人构成 B 级重罪，将接受一年以上二十年以下的监禁。

州保险委员会有权对涉嫌从事非法保险业务者进行调查、签发制止令、责令返还非法所得、罚款等，或对其提起民事诉讼，申请禁制令、责令其返还非法所得、为其指定管理人、罚款或要求损失赔偿。佛罗里达州法律规定，在州保险委员会认为必要时，其可以不事先通知相对人、为其提供听证机会即签发紧急制止令。

四、非法集资的防范与监管路径

非法集资违法犯罪涉案金额巨大，受害人数众多，给人民群众财产安全、金融秩序乃至社会安定带来严重危害，有必要加强监管，在犯罪行为发生前进行全面防范，在犯罪行为发生后打早打小，切实维护群众利益与社会安定。

（一）事前引导与审批

（1）政府监管部门合理引导。金融监管部门要合理引导资金“脱虚向实”，使更多金融资源配置到经济社会发展的重点领域和薄弱环节，更好满足人民群众和实体经济多样化的金融需求，积极应对因融资渠道引发的涉众金融纠纷案件不断涌现的情况。相关职能部门可以通过梳理一批具有重要市场导向作用和价值引领功能的金融纠纷尤其是涉众金融犯罪案件，为金融市场主体提供交易规则指引，积极发挥金融审判服务实体经济的职能作用。

（2）加强对涉众金融公司备案及审批。涉众金融公司既有涉众的特征，又有金融的属性，绝不是一般的市场主体，不应适用一般的注册制，而是必须加强审批或备案。尤其是防范以创新为名，行规避法律法规强制性规定和逃避监管之实的涉众金融公司，务必强化注册前的审批，从源头上预防扰乱金融市场秩序的违法违规行为，维护金融市场秩序。

（3）加大对金融创新产品的监管，合理引导金融创新。合理的金融创新对提升市场活力具有重要作用，然而名为创新实则以逃避监管为目的的市场行为，则会严重影响金融市场正常秩序。政府监管部门应在合理限度内支持和维护金融市场创新，运用先行性判决或尝试性判决的方式解决金融创新产品引发的纠纷；加大对名为创新实为逃避监管、严重影响金融市场秩序、损害投资人利益行为的整治。同时，应加大对金融创新产品的调研，落实好登记和备案许可制度，降低金融创新产品可能引发的金融风险和纠纷，引导金融机构在法律的框架内审慎开展金融创新。

（4）各地要结合本地区实情，制定地方金融条例，明确监管职责，强化监管协同，依法规范地方金融组织及其活动，维护地方金融秩序，防范化解金融风险。明确规定金融监管机关要进一步加大监管力度，及时查处违法违规经营行为，督促金融机构依法合规经营，强化金融监管政策的可操作性，为金融市场整治活动提供有力的制度依据和保障。

（二）建立健全监管体系

（1）完善金融分级监管体系。金融创新名目繁多且层出不穷，识别是否属于“金融”是纳入金融监管的前提。例如，共享单车的押金、租房贷、预付费卡，经济社会中的交易或经营模式创新，是属于经济主体之间的合同关系，还是属于资金融通的金融活动，当产品层层嵌套设计时，其性质难以识别。为了提高对风险反应的灵敏性以及处置措施的及时性，赋予地方在充分调研的情况下对互联网金融或其他金融创新现象的监管处置权，完善涉众型金融企业的监管。

（2）完善金融监管部门的风险防控体系。牢固树立风险防范意识，依法保障防风险与促发展同步推进落实，确保政府服务与监管的精准到位，营造良好的金融环境。要督促金融机构建立完备的金融风险内控机制，仔细排查现有风险内控机制，及时查漏补缺；督促金融机构建立投资者适当性判断标准和认定规则，对客户的风险承受能力作出客观、适当、合理的判断；加强对金融机构工作人员尤其是金融产品销售人员的专业技能及职业道德培训，在销售金融产品时根据投资者经济能力以及风险承受能力，合理推荐相关金融产品，及时履行对产品的说明义务和进行风险提示，防止含混不清误导消费者；加强对工作人员安全防范意识的培训，提高其对客户的隐私保护意识，同时，应加大技术研发投入，通过信息化手段提高交易安全性能，防止金融产品存在技术漏洞，泄露消费者信息。

（3）创新监管模式。积极发挥金融案例示范功能，引导金融市场主体建立合理预期，防范化解涉众金融风险。进一步加强金融监管部门与行业协会的互动协作，支持金融监管部门开展“监管沙盒”等监管模式创新，推动建立健全跨境资金流动监测预警、宏观审慎评估和协调联动体系，更好服务和保障实体经济发展。

（4）提升科技监管能力。随着金融创新的发展，金融机构和业务的边界日益模糊，金融综合经营探索不断扩大，业务范围和风险暴露已经跨越了传统范围和领域。单纯对主体进行准入监管的监管理念与架构已经无法适应客观需要，对互联网金融监管采用“穿透式”监管的理念得到认同。对于涉众型金融业态的监管，应当建立金融信息监管平台，掌握经营者的基础信息、收取资金的余额、未兑付的余额等信息，做到早预防、早调查、早处罚，防患于未然。此外，金融活动的风险识别问题要通过完善的征信与信用报告体系才能有效解决。大数据技术，尤其是数据的产生、挖掘、搜索和分析技术是互联网金融或金融科技发展的有力支撑。构建互联网金融行业的数据统计分析系统，便于监管部门对行业的发展状况进行基于数据的判断，也可及时地对行业规模、潜在威胁、风险案例进行客观分析，从而建立起有效的监管体系和风险预防机制。

（5）完善全流程网上监管和在线服务体系融合，全面规范涉众金融公司行为。监管部门建立涉众金融公司大数据系统，加强对涉众金融公司的管理和分析研判。对大数据信息反映的具有普遍性、趋势性问题，及时提出分析报告，为党委、政府金融工作决策以及区域性、行业性、系统性金融风险防范预警提供全面的金融信息支持。

（三）部门联动齐抓共管

（1）强化金融监管工作综合治理机制。健全财产查控机制，支持金融监管机构探索房产、证券、存款等主要财产的全覆盖网络查控模式；加强与公安、交通运输、市场监督等部门以及法院之间的执行协作，提高执法联动的深度广度。推动金融监管部门建立健全仲裁、公证、审计等专业机构和人员深度参与执行工作机制；探索建立上市公司股票、债券等金融资产符合资产特点和监管规则的执行机制，提高财产处置的专业化水平。

（2）金融监管机构与司法机关共建防范金融风险的工作机制。一是根据司法机关的建议，督促金融机构合规经营，构筑起风险“隔离墙”。全面推进对金融案件惩戒工作，加大与司法机关的合作，共同推进金融法治环境的完善。二是定期对重大敏感金融公司进行排查，对于存在信访隐患、不稳定因素的涉众金融公司，要提前预判、做好预案，加大化解矛盾纠纷的力度。三是建立案件分类登记、信息专报机制，将责任落实到具体监管人员，全程跟踪、定期汇报，形成涉众金融公司动态分析报告。四是对于在监管过程中发现的影响本区域经济发展的突出问题，以及可能引发群体性事件和社会矛盾激化的公司，要及时向党委汇报，加强沟通和协调，积极争取党委和政府的支持。五是定期向司法机关通报行业监管中发现的新情况、新问题，提出加强金融监管需求。建立由金融、侦查、检察、审判等领域专家组成的专家库，为各方在工作中涉及的案件办理、专业知识、法律政策等问题提供专门咨询。

（3）合力做好风险防范宣传工作。金融监管机关与司法机关共同发挥社会导向作用，积极借助各种新闻媒介，包括微信平台，定期发布具有典型意义的涉众金融犯罪案例；通过及时召开新闻发布会，组织专题或系列报道等多种形式进行广泛宣传，教育和引导各类市场主体增强诚信经营和风险防范意识，促进金融市场平稳健康发展。

（四）打早打小防患未然

（1）建立日常联络机构，加强互涉工作信息交流和案件通报。一是密切金融案件办理及金融风险防范化解日常协作，共同推动下级单位之间加强工作联系，结合当地实际建立能够满足工作需求的联络机制。二是畅通线索发现移送渠道，加强行刑、民刑衔接。金融监管部门要充分利用信息数据资源排查重大金融犯罪线索，及时移送公安机关依法查处；检察院在办理金融犯罪案件中，要严格审查重大风险背后的利益输送、监管失守等金融腐败问题，注意发现并移送职务犯罪线索；法院在民事审判中发现金融纠纷案件存在违法犯罪线索的，依法作出裁判，按照规定将犯罪线索移送相关部门处理；在审理刑事案件中发现金融犯罪以及腐败问题线索的，及时向金融监管、公安机关或者监察机关移送核查处置。

（2）加强信息沟通，及时发现、共同研判、评估预警各类风险。按照化解存量、防控增量、讲究策略、有序可控的要求，区分经营风险和法律风险，注重分析金融创新行为本质，尽早研判金融创新与违法犯罪界限，依法有序查处涉众型金融犯罪案件，逐步释放风险。从侦查开始，各诉讼环节均应提前制定预案，全程关注风险评估，确保风险可控。金融监管部门定期向司法机关通报行业监管中发现的新情况、新问题，提出加强金融监管司法需求。公安机关在办理金融犯罪案件时，充分运用数据资源、技术战法及模型工具，及时开展分析研判和落地核查，排查发现的重大风险及时通报监管部门，防止金融风险向社会领域和政治安全领域传导。检察机关通过检察建议等方式积极提示办案中发现的银行保险机构业务风险点和金融监管薄弱环节，推动完善制度机制，及时防范和查处违规金融活动，努力实现抓小抓早目标。审判机关在审理案件中，发现金融机构短期内纠纷多发、内外勾结违规发放贷款、非法吸收存款、违规介绍使用“过桥资金”“三查”不尽职等违规违法行为的，及时发出司法建议。

（3）联合调研，建言献策。根据司法办案和监督管理中发现的金融领域突出问题，每年初围绕防范化解金融风险工作主题，确定一至两个课题联合开展调研。集中司法人员和金融监管人员共同智慧，发挥司法办案和行业监管两个优势，分析银行保险机构业务管理问题根源，找准司法办案标准不统一、程序不顺畅的症结，坚持标本兼治，采取有力措施有效管控案件易发多发风险点。对调研发现的问题，及时向政府监管部门提出工作建议，依托地方政府金融工作议事协调工作机制，积极支持、配合监管部门构建本地区金融风险的排查处置常态工作机制。

（4）开展一体化培训，提升打击预防金融违法犯罪水平。司法机关和金融监管部门在开展相关业务培训时，要互派专家讲授金融犯罪打击预防、金融业务监管、金融法规政策等课程，可以根据情况给各方有参训意愿的工作人员预留培训名额；共同建立由金融、侦查、检察、审判等领域专家组成的专家库，为各方在工作中涉及的案件办理、专业知识、法律政策等问题提供专门咨询。

新类型疑难案例选评

程某华过失致人死亡案

谭鸿科* 陈 健** 杨漫雨***

【裁判要旨】

邻里、亲友间因琐事纠纷实施徒手推倒、拉扯等暴力程度不强的侵害行为导致被害人死亡的，应当以作案手段等作为首要切入点，并结合案发前双方关系、纠纷发生原因、纠纷性质、行为人的事后表现和认知因素等，综合判断行为人的主观罪过。

对于案发前没有重大矛盾纠纷和激烈冲突，行为人因自身认识能力有限，未能认识到其行为可能造成被害人死亡的，应当认定行为人不具有追求或放任被害人重伤或死亡的主观罪过，应按照过失致人死亡罪定罪处罚。

【案件索引】

一审：重庆市江津区人民法院（2022）渝0116刑初124号

* 作者单位：重庆市第五中级人民法院刑事审判第一庭。
** 作者单位：重庆市江津区人民法院刑事审判庭。
*** 作者单位：重庆市江津区人民法院刑事审判庭。

二审：重庆市第五中级人民法院（2022）渝05刑终887号

【基本案情】

被告人程某华与被害人程某辉系同胞兄弟。2021年11月28日20时许，醉酒的程某辉辱骂、扬言殴打程某华，后用手掐程某华脖子将其推倒在院坝沙堆上实施殴打。弟媳李某某将二人拉开后，离开现场打电话报警。程某华气愤之下，用手推程某辉胸膛、肩膀，致程某辉倒在水泥地上头部着地。程某华害怕程某辉起身再打自己，又上前抓住程某辉上半身往地上推，致程某辉头部再次着地。当日20时58分，民警到达现场，程某辉躺在地上未说话，闭着眼睛喘气。程某华、李某某称程某辉醉酒闹事，要求民警将程某辉带走醒酒。21时许，民警将程某辉带回派出所候问室内醒酒。其间，执勤人员多次巡察，未发现异常。次日9时许，民警发现程某辉无反应，遂联系重庆市江津区蔡家卫生院救治，程某辉经抢救无效死亡。经鉴定，程某辉系强大机械性暴力致颅脑损伤引起呼吸、循环衰竭死亡。程某华归案后，在侦查阶段如实供述了主要犯罪事实，在一审审理过程中自愿认罪、悔罪。

【裁判结果】

重庆市江津区人民法院一审审理认为，被告人程某华犯故意伤害罪，判处有期徒刑三年，缓刑三年，并待层报最高人民法院核准后生效。宣判后，程某华提出上诉。

重庆市第五中级人民法院审理认为，程某华被醉酒的程某辉辱骂殴打后，因不堪忍受程某辉经常醉酒闹事滋扰家人，推倒程某辉致程某辉颅脑损伤引起呼吸、循环衰竭死亡。程某华的行为虽然在客观上造成了程某辉死亡的后果，但从双方关系和案件起因分析，程某华与程某辉系同胞兄弟，案发前没有重大矛盾纠纷和激烈冲突，其没有故意伤害程某辉的犯罪动机；从行为细节和致害过程分析，程某华并未持械或使用致命工具加害程某辉，仅是徒手实施了推倒程某辉的行为，没有追求或放任程某辉伤残或死亡后果发生的主观罪过；从认识能力和犯罪后的态度分析，程某华本应当认识到自己的行为可能造成被害人伤亡的结果，但因其只有小学文化水平，实际认识能力相对较低，没有认识到其行为可能造成程某辉轻伤、重伤，尤其颅脑受伤容易造成程某辉死亡的严重后果，故而事后仅要求民警将程某辉带走醒酒，导致程某辉受伤且未及时发现最终酿成本案。综上分析，程某华因不堪忍受程某辉经常醉酒闹事滋扰家人在气愤下推倒被害人，主观上没有伤害程某辉的故意，但鉴于一般人的认知，其应当预见而没有预见自己推倒程某辉致程某辉后脑着地的行为，可能导致被害人受伤甚至死亡的严重后果，存在疏忽大意的过失，其行为构成过失致人死亡罪。依照刑事诉讼法第二百三十六条第一款第二项和刑法第二百三十三条、第六十七条第三款、第七十二条第一款、第七十三条第二款和第三款之规定，判决如下：（1）维持重庆市江津区人民法院（2022）渝 0116 刑初 124 号刑事判决对被告人程某华的量刑部分；（2）撤销重庆市江津区人民法院（2022）渝 0116 刑初 124 号刑事判决对被告人程某华的定罪部分；（3）上诉人（原审被告人）程某华犯过失致人死亡罪，判处有期徒刑三年，缓刑三年。

[评析]

轻微暴力致人死亡案中行为人主观罪过的审查认定

本案系一起亲友之间因琐事纠纷发生抓扯、推拉致人死亡而认定为过失致人死亡罪的典型案例。对于被告人两次推倒被害人致其头部着地，从而导致被害人死亡的行为，应认定为故意伤害（致人死亡）罪还是过失致人死亡罪，在一审法院、二审法院审理中存在较大争议。实践中，轻微暴力致被害人死亡的案件普遍存在定性争议，其核心在于对行为人主观罪过的把握存在较大困难。本文从意志和认知两个层面展开，以作案方式、手段、事前关系等易于反映行为人主观意志的事实和证据为切入点，结合行为人的认知能力、事后表现、危殆化可能性等判断行为人对死亡结果是否具有认知，以期准确对此类案件定性。

一、主观罪过的司法认定困境

罪过是支配行为人实施犯罪的一种心理状态，裁判者没有亲历亲见犯罪，只能事后根据案件事实、作案细节、心理痕迹等事实和证据来推定行为人作案时的心理状态，故不同的裁判思路和认定方法，可能得出完全相反的结论。

首先，对被告人主观罪过的判断，在实践中容易陷入唯犯罪后果论的误区，即只要行为人实施了“故意”行为且造成了危害后果，即推断其实施行为时至少具有放任危害后果发生的故意，从而忽略了对主观罪过的实质审查判断。这种做法忽视了行为人主观心理的复杂性及个案的特殊性，割裂了行为与整个犯罪过程的关系，有悖于罪责刑相适应的原则。因为故意伤害罪中的“故意”与一般生活意义上的“故意”有明显区别，故意伤害罪中的“故意”有特定的内容，具体表现为行为人对自己实施的伤害行为及伤害结果的认识与希望或者放任的态度。而一般生活意义上的“故意”只是表明行为人有意识地实施某种行为，如一般性的推搡、抓扯、掌掴脸部、踢腿等，通常不具有追求或者放任被害人严重伤害甚至死亡的主观意愿，不应一律按故意伤害罪认定。

其次，主观心态具有模糊性。人们不可能完全准确地推测和把握他人的心理状态，这在根本上受制于人类有限的认知能力。我们不可能直接触碰到他人的内心，仅是通过他人的表情、语言、动作等一系列外化的感觉材料，结合自己的经验来推测他人的心理状态。[①] 而这种从我们

① 参见冯亚东、叶睿：《间接故意不明时的过失推定》，载《法学》2013年第4期。

主观到案件客观再到行为人主观的“推测”，一旦发生在刑事诉讼活动中，又会受到极为严苛的证据规则的约束。并且，有些案件中行为人的主观心态，本来就游离于故意与过失之间，既非此亦非彼。因为客观事物本身处于普遍联系和绝对运动之中，此事物与彼事物之间并不存在天然的界限，而是以连续、渐进、无限微分的状态相互连接。而司法者必须运用刑法，对行为是否构成犯罪、构成何种犯罪、属于何种罪过，在“二值”之间作出一元的终极判断。

二、主观罪过司法认定的具体路径

主观罪过系内心意志产物，包含认知与意志，前者是行为人对自己行为造成危害结果有无认识以及认识程度如何，后者是行为人对危害结果的态度如何。① 尽管主观罪过系行为人的心理状态，但并非单纯地存在于人的大脑中不可捉摸、不能被感知。意识决定行为，而行为则是意识的直观反映。在现实的犯罪中，行为人在其主观罪过支配下实施犯罪行为，产生危害结果，必然通过具体的行为方式、手段、结果等体现和反映，进而成为可以通过证据反映的客观存在。故可以依据主观罪过映射在客观行为或危害结果上的客观化产物来证明主观罪过。对认识因素的判断容易受到裁判者价值判断、裁判思路和方法的影响，在司法审查判断时，以行为人的作案方式、手段、事前关系等易于反映行为人主观意志的事实和证据为切入点，有助于准确把握行为人的主观罪过。

（一）行为人的主观意志认定思路

意志最重要的判断依据是实行行为的危险程度，即实行行为的法益侵害性大小，同时结合事前关系和案件起因、事后表现与态度综合判断。

---

① 参见张明楷：《刑法学》（上），法律出版社2016年版，第255页。

1. 实行行为的法益侵害性大小

实行行为是行为人对被害人实施的客观的有形物理力，是犯意最集中的实质外观表现，故实行行为是判断构成要件的事实起点；不具有法益侵害性的行为可以直接出罪，故实行行为也是归责判断的规范起点。① 认定实行行为的法益侵害性大小，根据客观归责理论，需要判断实行行为是否制造了不被允许的风险，具体而言，应站在社会一般理性人的立场上，以行为时的全部客观事实为判断资料来判断风险。

第一，是否使用工具及工具使用方式。恰当的工具使用可以大幅增加行为人的攻击范围、攻击力度、攻击频率，故是否使用工具以及使用工具的种类、方式影响风险的大小。首先，应考虑工具本身的杀伤力大小。砍刀与木棍的攻击力明显存在差异。其次，应审查使用工具的方式。对工具的运用在很大程度上决定了工具的致伤力。例如，用尖刀、匕首捅刺，用砍刀、菜刀砍杀，能充分发挥工具本身的致伤力；相反，用尖刀、匕首进行砍杀则不能充分发挥其本身的致伤力。用钝性工具如锤子用力击打和推挡发挥的致伤力也差异明显。

第二，打击部位、次数、持续时间。首先，打击部位是否系要害部位，亦可用于判断行为人是否追求或放任被害人的死亡结果。例如，用锤子用力击打头部、后脑等易造成重型颅脑损伤的部位与用锤子用力击打四肢差别明显。用尖刀、匕首捅刺胸腹部等要害部位易造成心脏、肝脏、脾脏破裂大失血死亡，与捅刺身体其他部位亦差别明显。其次，打击次数也是判断的重要因素。例如，用尖锐工具匕首捅刺，是不计后果连续多次捅刺还是捅刺一下即收手。最后，还需考察打击的持续时间。例如，卡颈持续时间系一般的卡颈威胁还是追求死亡结果的长时间卡颈。又如，殴打持续时间系一般殴打撕扯还是追求死亡结果的长时间持

① 参见刘天：《轻微暴力致人死亡案件定性研究——以实行行为为视角》，载《江西警察学院学报》2018 年第 4 期。

续殴打。

第三，暴力行为与危害后果存在直接因果关系。暴力行为应当直接导致危害后果，而不存在介入因素或者介入因素不足以导致因果链条的中断。根据相当因果关系说，若根据社会一般人生活上的经验，某种行为产生某种结果被认为是通常的、不令人意外的，就认为该行为与结果具有因果关系。[①] 当因果链条中存在介入因素时，就需要讨论介入因素是否足以导致因果链条的中断，需要考虑实行行为导致结果发生的可能性高低，介入因素异常性大小，介入因素对结果产生的影响力大小。[②] 在轻微暴力致人死亡案件中，尤其要考虑轻微暴力行为是否直接导致死亡结果，如果死亡后果与暴力行为没有因果关系，不应将死亡结果归责于行为人。

2. 事前关系与案件起因

轻微暴力致人死亡案件中的暴力因素较弱，在行为手段上往往体现出一种较为克制的形式外观。除了事中实行行为的法益侵害性大小外，事前关系与案件起因，可以侧面反映出矛盾的性质与冲突的升级，从不同视角全面刻画行为人的主观罪过。

第一，双方关系。双方事前关系如系血亲关系、一般邻里关系、陌生人关系，牵涉到双方是否充分了解对方的行为表达习惯、对侵害的承受程度如是否具有特殊体质、反击可能性等。同时，双方事前关系是否亲密也间接反映出行为人是否具有追求被害人死亡结果的故意。

第二，案件起因。案件起因从具体冲突的产生、升级过程来审查主观罪过。例如，案件起因系琐事冲突还是深仇大恨，冲突的产生系临时性、偶然性还是积怨已久。通过案件起因可以进一步判断纠纷性质，纠

① 参见马克昌：《外国刑法学总论》，中国人民大学出版社2009年版，第116页。

② 参见周光权：《客观归责理论的方法论意义——兼与刘艳红教授商榷》，载《中外法学》2012年第2期。

纷系一般邻里纠纷、家庭纠纷、感情纠纷还是难以调和的剧烈矛盾。

第三，事前表现。审查行为人是否对死亡结果有预谋、有计划等，以及是否有事前的扬言杀死对方等。即便有扬言，也需要结合行为手段分析行为人究竟系一时口舌之快、嘴上逞强，还是确有致人死亡的主观意愿。行为人是否提前准备作案工具，还是从案发现场偶然获取；是否进行了作案后逃离现场的准备；是否进行了掩盖事实的准备活动，如准备抛尸的工具；等等。

（二）行为人的认知因素认定思路

判断行为人对被害人重伤乃至死亡的风险是否具有预见可能性，应根据全案事实和证据，结合行为人的认知能力、双方实力悬殊、危殆化可能性等综合分析判断。

1. 行为人的认知能力

法不能期待行为人预见到超出其预见能力的风险。行为人的认知能力对其是否认知到行为风险有较大影响，因为认知能力高低导致对不同风险的感知不同。专业的骨科医生和不具备医学常识的普通人，对于擅自搬动骨折的人这一行为的风险评级一般来说是不同的；了解被害人患有凝血障碍的亲属和陌生人，对于用小刀割破被害人皮肤这一行为的风险评级也是不同的。行为人的认知能力可以从其年龄、职业、是否具有专业知识、受教育水平等进行判断。

2. 双方实力悬殊

双方实力悬殊可以从双方体型力量对比、被害人是否处于醉酒等机体控制能力减弱的状态、双方是否掌握特殊格斗技巧等判断。双方实力悬殊越大，行为人加害能力越强或受害人防御能力越弱，则应赋予行为人更高的预见可能性，因为此时行为人越有能力认知到其行为造成实害结果的风险。

3. 危殆化可能性

危殆化可能性则从行为引发危险从而导致实害结果是否具有通常性来判断，也即判断风险转化为结果的相当性，根据程度分为确定性关联即行为确定会导致实害结果、高度可能性关联即行为大多数情况下会导致实害结果、偶然性关联即在大多数情况下都不会导致实害结果。① 危殆化可能性影响到行为人的认知，危殆化可能性越高，尤其是确定性关联、高度可能性关联中，行为人越有能力认知到其行为造成实害结果的风险。

4. 事后表现与态度

行为人事后表现与态度可以侧面反映出行为人对伤害结果是否有认知。轻微暴力致人死亡案件中，行为人可能没有认知到危害后果的严重性。审查其是否客观认知到造成的后果，不能仅凭其供述或辩解，应结合案发现场环境、未发现伤害后果是否符合常情常理来综合分析。同时，结合行为人发现被害人伤害结果后的表现和态度进行审查，如是否实施救助或拨打“120”，还是放任不管、逃离现场，或者继续实施二次加害行为等。

三、本案被告人构成过失致人死亡罪

本案中，程某华被醉酒的程某辉辱骂殴打后，因不堪忍受程某辉经常醉酒闹事滋扰家人，推倒程某辉致其颅脑损伤引起呼吸、循环衰竭死亡。如何界定本案被告人的主观罪过，应从两个方面分析。

（一）从被告人的主观意志入手

第一，从实行行为的法益侵害性大小来看，该行为具有法益侵害的急迫性。地面撞击被害人头部的物理力有导致其头部受伤乃至死亡的风

① 参见金燚：《论过失犯注意义务的具体化》，载《清华法学》2020年第6期。

险。经医学检验鉴定，本案被害人系强大机械性暴力致颅脑损伤引起呼吸、循环衰竭死亡。被告人两次推倒被害人的行为与被害人的死亡结果之间存在直接因果关系，不存在异常的介入因素。但是从行为细节来看，被告人没有使用任何工具，仅实施徒手推倒行为，其行为手段的暴力程度不足以明显超过被害人抓扯、殴打被告人的暴力程度。不宜认定被告人具有追求或放任被害人死亡的主观故意。

第二，从事前关系与案件起因来看。被告人与被害人系同胞兄弟，案发前没有重大矛盾纠纷和激烈冲突，被告人没有因胞弟醉酒闹事而对其故意加害导致其重伤、死亡的动机。被害人醉酒挑衅被告人导致双方冲突，且被害人曾经醉酒后与亲属（包括被告人）多次发生口角、抓扯等，此次冲突也和之前的冲突一样，并未升级到严重暴力冲突的程度。

（二）被告人对被害人的死亡结果是否具有认知

第一，从危殆化可能性来看，头部大力直接撞击地面导致头部受伤具有通常性，故危殆化可能性较高。从现场环境来看，案发现场并没有能够影响被告人判断的因素，被告人明知被害人身后系水泥地，而仍两次推倒被害人致其头部着地，应当认知到其行为造成实害结果的风险。

第二，从认知能力来看，头部大力撞击地面有导致人受伤、死亡的风险，该风险的认知能力要求并未高于一般社会理性人，并不需要具有专业知识的人才能预见。虽然本案被告人的认知能力并无缺陷，但是被告人系小学文化水平，实际认知能力较低，没有认识到其行为可能造成程某辉轻伤、重伤，尤其颅脑受伤容易造成程某辉死亡的严重后果。从事后表现和态度来看，被告人将被害人推倒后就回到厨房烧水洗澡，民警到场后还告知民警将被害人带到派出所醒酒，以防被害人醒了再次发疯打人，亦反映出被告人实则没有意识到其行为有造成被害人死亡的高度风险。

第三，从双方实力对比来看，双方体型、力量并无明显差距，但是被害人处于醉酒状态，对机体的控制能力减弱，对危险的感知能力也较低，处于一种疏于防御的状态。但结合被害人之前抓扯、殴打被告人的行为，被告人很难认知到被害人对机体控制能力的低下。

因此，尽管从社会理性人的角度分析，本案被告人应当对被害人死亡结果具有认知可能性，但是结合被告人的实际认知能力低下、被害人醉酒因素的影响，被告人对被害人死亡结果实际并未认识到。

综上所述，被告人程某华因不堪忍受被害人经常醉酒闹事滋扰家人，在气愤下推倒被害人，其主观上没有伤害被害人的故意，但鉴于一般人的认知，其应当预见而没有预见自己推倒被害人致被害人后脑着地的行为，可能导致被害人受伤甚至死亡的严重后果，存在疏忽大意的过失，其行为构成过失致人死亡罪。

最新法律文件解读丛书

稿　约

最新法律文件解读丛书是一套以为最新法律规范提供同步“解读”为主的系列丛书，分为刑事、民事、商事、行政与执行4个分册，按月出版。

本丛书以“解读”为重点，突出全、专、新、快、准等特点，通过对最新出台的法律、法规、司法解释、部门规章以及重要地方性法规进行同步动态解读，弥补了法律、法规、司法解释汇编类出版物没有同步阐释、解读内容的不足，为广大读者学习理解最新法律规范，正确贯彻执行法律文件，及时解决实践中的新情况、新问题，提供一个全方位、多层面的法律信息平台。

欢迎您向以下栏目赐稿：

【最新法律文件解读】主要是对最新颁行的法律文件进行解读，帮助司法和执法人员正确理解法律文件的立法背景、意义、重点内容、在适用中应注意的问题、与相关法律文件的衔接与互动关系等。

【司法实务问题研究】主要刊登对司法理论、实务及司法管理工作中的热点、疑难问题进行研究及评论的文章。

【新类型疑难案例选评】主要是对司法和行政执法实践中具有典型性和代表性的疑难案例，结合具体案情以及审理或处理结果进行简练精辟的点评，解析认识问题的方法、处理问题的法律依据和在个案中的具体适用。

【法学前沿与新视点】以摘要的形式刊登相关法学理论研究的最新动态及具有代表性和典型性的前沿问题，扩展法学研究的深度和广度。

【法律适用问题解答】主要针对司法和行政执法实践中面临的新问题、热点问题、疑难问题进行简要的解答，指出涉及的法律关系，明确法律适用依据。

稿件一经刊用即付稿酬，稿酬从优。

《刑事法律文件解读》　周　敏　邮箱：xingshijiedu@ 163. com

《民事法律文件解读》　杨　洁　邮箱：1216921515@ qq. com

《商事法律文件解读》　路建华　邮箱：shangshijiedu@ 126. com

《行政与执行法律文件解读》　丁塞峨　邮箱：1290312696@ qq. com

人民法院出版社

最新法律文件解读丛书编辑部